Ⓢ新潮新書

毛受敏浩
MENJU Toshihiro

人口激減

移民は日本に必要である

435

新潮社

はじめに

東日本大震災の直後、このようなニュースが流れたのを覚えているだろうか。

宮城県女川町《おながわ》にある水産加工の工場で働いていた中国人女性研修生を救った日本人のニュースである。地震と津波に襲われ呆然とする彼女らを、勤め先の会社の専務が命がけで避難させ、専務自身は津波の犠牲となった。

このニュースは、北京紙「新京報」でも大きく掲載された。インターネットには、「災害時に自分の家族よりも、自社で働く外国の若者のことを優先する日本人の優しさと責任感に涙した」など多くのコメントが寄せられた。

気仙沼市でも、水産加工場に勤める中国人研修生が被災した。急遽帰国することになった彼らに対して、同じ工場で働いていた地元の人々が涙ながらに別れの挨拶をした、という報道もあった。中国人研修生はいずれも若い女性で、日本人の若者が敬遠するような根気強さを要求される仕事に就いていた。気仙沼市だけでも、約四六〇名の外国人研修生が水産加工業や漁業などで働いていた。

不況が続く中で彼らは、重労働の割に賃金が低い、日本の青年が嫌がって避けるような職に就き、大切な労働力として地元では重宝されていた。それでも、「彼ら外国人が日本人の仕事を奪っている」と根拠もなく批判する人がいるが、はたして本当にそうなのだろうか。彼らがいなければ、日本人の失業率は改善していたのだろうか。

このニュースによって、日本の社会は日本人の力だけで回っているのではないことを、再認識させられた人も多いのではないか。多くの外国人が、日本人が敬遠しがちな仕事をしているという事実を、どれだけの日本人が知っているだろうか。

今回の震災で多くの外国人が一時、または二度と日本には戻らない覚悟で帰国した。彼らが職場からいなくなった影響が、じわりと広がってきている。彼らの多くは、最長三年間、外国人の研修労働を認める外国人研修・技能実習制度を利用して来日した。地方の中小製造業の現場で黙々と働く海外の研修生たちに対して、「昔の日本人のようだ」と賞賛する声もよく聞かれる。

「ならば三年と言わず、彼らにずっと日本にいてもらえるようにすればいいじゃないか」と思う人もいるだろう。しかし話は、そんなに単純なものではない。

本書は、長く国際交流の現場に携わってきた筆者が、日本における外国人受入れの現状や展望についてまとめたものである。いまだに日本では、「移民・外国人労働者」に対して強い忌避感や抵抗があるようだ。しかし、そんな感情的な抵抗を続けるほどの余裕が、特に震災以降の日本にないことは明らかである。人口減少が長期にわたって継続するこの国で、もうそのような悠長なことは言っていられない。

多くの反論が寄せられるのは覚悟の上である。しかし筆者は、「外国人受入れ」が今の日本に早急に必要だと考えている。

筆者の意見に同調してくれとは言わない。けれど、少なくともこのテーマについて議論する必要性だけは感じてほしい。このテーマに目をつぶって日本の将来を論じても、それは人口減少という重要なトピックに背を向けた、現実感の薄いものにしかならないはずだ。最後までお付き合いいただければ幸いである。

人口激減　移民は日本に必要である　目次

序章　失われた「経済電圧」

活力不足の日本

国際交流という仕事について三十年近くになる。草の根の国際交流を側面から支援したり、自治体の国際化戦略の立案や国際協力NGO（非政府組織）としての活動、二国間の賢人会議の事務局、政治家同士の交流など多様な活動に関わってきた。

仕事柄、海外から来る政治家やジャーナリスト、専門家に会う機会も多い。初めて日本を訪れる政治家や専門家は一様に日本の素晴らしさを称賛する。行き届いたサービス、礼儀正しさ、クリーンな町並みなど、先進国である日本の成熟度を高く評価し、「予想通り日本は素晴らしい」と感嘆の声をあげる。

しかし、日本の素晴らしさを称えつつも、彼らは日本の将来に対して危惧することも忘れない。

曰く、「日本には成長する活力が欠けているのではないか」——。

数年前、筆者が担当するプログラムに参加するため、米国やアジア地域のジャーナリスト数名が日本を訪れた。そのうちの一人、日本を初めて訪れたニューズウィークの女性記者は、帰国後、「日本、世界最悪の経済」というショッキングなタイトルの記事を執筆した。

一週間弱の短い期間だったが、リーマン・ショック後の日本の姿を取材しに来た彼らのために、筆者は政治家、経済界、NPO（非営利組織）などのアポ取りに奔走した。来日期間中、彼らとともに行動し、彼らが大いに満足して離日したのを知っていたので、記事を読んで心底驚かされた。

日本を発った後、彼らが中国を数日間訪問することは知っていた。彼女の記事では日本と中国で出会った学生の印象を比較している。

「政治体制は大きく違うが中国とアメリカは似たところがある。それは巨大な帝国であり粗野で高慢だということだ。しかし、日本やヨーロッパのような変革を邪魔する壁がない」

彼女は記事の中で、日本の問題は深刻だと指摘する。

「企業は一九八〇年代のビジネスモデルから抜け切れず、iPodのような画期的な製品を生み出せないでいる。一般の人々は新しい考えを受入れたがらず、人口減少にもかかわらず、本格的な外国人受入れに恐怖心を持っている」

彼女が言いたいのは、日本は洗練されているが、中国人の若者の持つ自由さや活力、社会変革のエネルギーを感じない。日本の人々は現状維持を望み、過去のしきたりに沿って動いているということだろう。

この記事を読んだ当初は不快に思ったが、何度も読み返すうちに、少しずつ考えが変わってきた。彼女の主張や認識は案外、正しい点を突いているのかもしれない、と。

翌年、ニューヨークで彼女と再会した。「あの記事を読んで少しショックだったが、あなたは中国の活力に比べて、日本が停滞しているという印象を持ったんだね」と問いかけると、彼女は「その通りです。日本は素晴らしい国で是非、何度も訪れたいと思います。ただし日本は素晴らしいものを持っているのに、それが将来失われていくのではないかと不安です。あまりにも保守的で、未来を切り開いていく力を感じないのです」と答えた。

失われた「経済電圧」

日本社会に活力を感じないとすれば、その原因はどこにあるのだろうか。

筆者は、その一つに「経済電圧の消滅」があると考えている。

「経済電圧」とは、筆者の造語だが、成長過程の国での富める者と貧しい者とのギャップを指す。都市部では急速に豊かになった中国だが、内陸部ではまだまだ貧困地域も多い。都市と農村の貧富の格差の拡大は、中国社会の安定にとって大問題だと指摘されている。

しかしその格差には効能もある。多くの富裕層が生まれたことで、膨大な数の貧しい人々が彼らのようになることを夢見て、猛烈なハングリー精神と上昇志向を持つようになったことだ。これが経済成長を導くエネルギーとなり、高い経済電圧をもたらしている。ニューズウィークの女性記者が指摘する「粗野だが活力のある中国」はまさにこのことを指す。

一方、日本はどうか。高度経済成長の時代を経たことで所得の格差、都市と農村の格差は縮まり、地方の道路は整備され、さまざまな公共施設も建設された。現在では、農業関係の膨大な補助金によって、規模の小さい農家でもなんとか暮らしていける状況になっている。

経済の落ち込みが厳しいと言われる日本だが、二〇一〇年発表のデータでは、百万ドル以上の資産を保有する富裕層人口は世界第二位を保っている。四七二万人の富裕層を持つ米国に次いで、一二三万人の富裕層がいる。

一九六〇年代、七〇年代の日本には、今日の中国のような活力があった。田舎から中学を卒業したばかりの若者が、集団就職の列車に乗って都会にやってきた。しかし今や、そうした集団就職世代が年金をもらう時代に入った。

今の日本には、金持ちになることが人生の目標だと胸を張っていう人は少ない。それより、自分らしく生きることのほうが大切だという雰囲気が社会に広がっている。

豊かな社会で育った日本の青年男子に、ハングリー精神を期待することのほうが間違っている。親の世代はかすかに貧しさの記憶はあるかもしれないが、今では「癒し」と「リラクゼーション」を求めて、いかに快適に過ごすかが最大の関心事だ。

経済電圧の低下は豊かさの代償と言えるだろう。成熟した社会では、中国のような高い経済電圧は起こらない。貧しい人々が天から垂れ下がる蜘蛛の糸を目指して、人を蹴落としながら一斉に這い上がる勢いは今の日本にはない。

カンボジアの熱気

中国以外の発展途上国（以下、途上国）ではどうだろうか。

筆者は二〇〇九年末にＮＧＯの調査でカンボジアを訪れる機会があった。訪問前のカンボジアのイメージは、大量虐殺と地雷の残る国というネガティブなものだった。一人当たりのＧＤＰは、フィリピンの三分の一程度で、アジアの中の最貧国の一つである。

しかし、首都プノンペンを歩く人々の表情は明るく、予想以上に安全で活気がある。カンボジアは生活必需品や電力さえも、海外からの輸入に頼らざるを得ない経済状況だが、毎年十％を超える経済成長が続き、人々は未来に明るい展望を持っている。若者はファッションに敏感で、一見、日本の青年と変わらないように思える。

ＪＩＣＡ（国際協力機構）が用意してくれた、英語のできるタクシー運転手と話した。彼は四十代だが、自分の子どもの頃を思うと今は天国だという。政変のために小学校の途中までしか教育を受けることができなかったが、娘は大学でコンピュータを勉強していると誇らしげに話していた。

アンコールワット観光の拠点となる町・シェムリアップは、世界から観光客を受入れようとホテル建設ラッシュが続いている。この街に日本人の若者が、二百人近く住んでいると聞いた。そのほとんどが観光関連の仕事をしている。勢いのある町に住み、町の発展とともに、自分自身の将来への展望が開けることを期待しているかのようだ。

課題山積みで生活条件の極めて厳しいカンボジアだが、豊かさを目にした人々が猛烈な勢いで働いている。経済電圧が社会に活力を生み出し、人々の表情に明るさをもたらしているのだ。

電圧を高める先進国の知恵

先進国ではどうだろうか。先進国であれば、経済電圧の低下は日本と似たり寄ったりのはずだ。成熟社会であれば人々は豊かさを享受している反面、沸き立つような活力や、人を蹴落してでも這い上がろうとするハングリー精神を失っているに違いない。しかし、日本と一点だけ違うところがある。政策として電圧を上げる努力をしていることだ。

経済電圧を上げるためにしていること――。

それは、外国人の受入れである。

アメリカを目指す移民の多くは自分の意志で自国を離れ、アメリカン・ドリームを実現しようと必死で働いている。慣れ親しんだ環境をあえて捨て、文化や言語も違う外国で暮らす決意をした彼らは、ハングリー精神にあふれ、遭遇するさまざまな困難や悔しさをバネに社会の階段を駆け登ろうとしている。

アメリカの真骨頂は、移民やその子どもたちのそうした貪欲さを、社会の活性化へと転嫁させ、成長の原動力にしていることであろう。

グーグルの創始者の一人であるセルゲイ・ブリンは、ロシアからの移民である。彼は六歳の時に両親とモスクワからアメリカに移住した。ヤフーの開発者で元ＣＥＯのジェリー・ヤンは台湾生まれ。母親と弟とともに十歳でアメリカに渡っている。英語が苦手だったが、努力の末、スタンフォード大学に進んだ。

彼らのような並はずれた力を発揮する移民の活力なしに、現在のアメリカはありえない。異国の地で成功するには、是が非でも文化や言葉の壁を乗り越えていかなければならない。そのパワーが学業やビジネスに投入されることで、常識を超えた活力が社会にもたらされることになるのだ。

このようなハングリー精神を持った外国人を国内に引き込むことは、先進国で低下しがちな経済電圧を高めることにつながる。

もちろん、外国人を自国に受入れるには、さまざまな課題を伴う。アメリカやオーストラリアのような移民大国ですら、移民について反対意見や否定的な見方をする人たちも多い。とりわけ不法移民については否定的な意見が強い。しかし、正規の移民受入れを拒絶するという選択をする国は見当たらない。

これはヨーロッパでも同じだ。EUの拡大によって新メンバーとなった東欧諸国から、旧EUメンバーの国々への移動が起こっている。EU諸国以外の中東やアフリカからの移民も多い。様々な問題はあるものの、EUの人々の中には、移民によってもたらされる活力が国の将来の発展につながるという意識が強くある。それは単に労働力の不足を補うためだけではなく、経済電圧を上げ自国民をも奮い立たせる大きな力になることを知っているからだ。

日本はダチョウと同じ

二〇一〇年秋、国際交流基金の依頼で、スイスとイタリアを訪れる機会があった。

ヨーロッパには移民を積極的に受入れ、活用しようとする自治体のネットワークがある。「インターカルチュラル・シティ（文化間対話都市）」と呼ばれるこの都市間ネットワークワークは、欧州評議会によって運営されている。評議会のイレーナ・ギディコバは、日本から訪問したわれわれを快く迎え入れ、ヨーロッパの移民受入れの現実や課題を極めて率直に話してくれた。

日本の外国人受入れの状況の視察と講演のために来日したことがある彼女に、現在の日本の状況をどう思うか聞いてみた。すると彼女から、「ジャパン・イズ・オーストリッチ」という思いがけない言葉が返ってきた。

何のことかわからずキョトンとしていると、「日本はダチョウと同じよ。日本は危機から目を逸《そ》らし、頭を地面に突っ込んで見ないようにしているダチョウと変わらない」という辛辣な言葉が飛び出した。

「ヨーロッパは移民受入れの苦労を知りながら、活力を維持するために全力で取り組んでいる。日本は人口減少が始まった今も、現実から目を逸らしている」

土人間と風人間

鹿児島で国際交流を行うＮＰＯの代表から聞いた話である。

人間には、土人間と風人間がいるという。土人間はその土地に住み続けている土着の人たち。風人間は土地を渡り歩く風来坊だ。風人間が消え、土人間だけになると、地域社会は安定するが、次第に活気がなくなってしまう。

土人間と風人間がぶつかると摩擦が起きる。その摩擦は時として対立や小競り合いとなる。しかし、その摩擦の中から新しい発想、粘り強さ、共存する知恵、未知のエネルギーが生まれ、それが地域を豊かにしていく。土人間と風人間の双方の接触によって初めて豊かな「風土」が作られるという話だった。

国際交流という仕事は、海外から風人間をつれてきて、土人間と引き合わせるのが重要な仕事の一つとなる。しかし、人口減少から派生する日本の課題の深刻さを考えると、従来の「国際交流レベル」では、大きな「電圧差」を生めるべくもない。他の国が果敢に取り組んでいる、移民受入れという方策を真剣に検討すべきときが来ている。

国内では移民受入れの議論は、議論することすらもタブー視する雰囲気がある。日本と同様に単一民族的な色彩の強い韓国をはじめ、他の国が取り組んでいる重要な課題に、なぜ日本は向き合おうとしないのか。

本書では、日本再生の「劇薬」として、移民受入れの是非を議論したい。

劇薬とは、内服や外用することで体内に吸収されると、人や動物に強い副作用を起こしやすい医薬品をいう。つまり高いリスクを持つ薬品であるが、それだけに他の薬品にない高い効果が期待できる。

移民受入れが劇薬だからといって、恐れる必要はない。なぜなら、そのリスクは十分管理することが可能なものであり、日本の地域社会は、これまで数十年にわたり異文化を受入れ、国際交流を積み上げてきた経験を持っているからだ。

リスクがあるものはすべて排除し、無難なものだけで済ませる姿勢が、日本の閉塞感を招いてきた。外国人受入れについて検討し、どのようにすれば最小限のリスクになるかを考え抜くこと、そして利益を最大に発揮する方法を見出して果敢に実行すること。それこそ知恵のある国民のとるべき態度であり、人口減少時代の日本の未来を切り開く道であろう。

第一章　二〇三五年　鎖国編

漂う不安感

日本の将来に対する不安感は時が経つにつれて深まっていくようだ。今後、日本はどのような国になっていくのか。年金や介護の問題が身近になり始めた中高年ばかりでなく、若い世代からも将来を危惧する声が挙がっている。

今の中高年の世代は、高度成長をそれなりに謳歌できた人たちだと言えよう。人口が増え続け競争も厳しかったが、日々の暮らしは年を経るに連れて豊かさを増し、便利になり快適になった。家のローンも払い終わり、ある程度の蓄えを持って、悠々自適に暮らしているという人も多い。

一方、本来は将来に希望を持っているはずの若者の間で、悲愴感が強まっている。バブル景気崩壊後の「失われた十年」は、一九九〇年代半ばから厳しい就職氷河期をもたらし、一九七〇年代生まれの多くの若者が、希望する企業に就職することができず、彼らはいつしか「ロスト・ジェネレーション」と呼ばれるようになった。その数は、二千万人に上ると言われている。また、二〇〇八年のリーマン・ショック後の経済危機や二〇一一年の東日本大震災による新たな不況が、若者を苦しめている。日本の行く末について、一種のニヒリズムが、彼らの心の中に深く巣くっている。

そうした時代の暗い影を一層色濃くしているのが人口減少だ。じわりじわりと進行するこの現象に企業は敏感になっている。人口減少時代を迎える日本市場では今後、需要の拡大は望めないと、海外市場への本格的な進出と企業同士の合併が活発化している。

日本の人口は、減少へ向かってのスロープをゆっくりとすべり落ち始めている。これから本格的な人口の減少期を迎える日本は、どうなっていくのだろうか。将来についてしっかりしたイメージがないまま、「何とかなる」と安逸な楽観主義に浸ることで済まされるものではない。

今後の人口減少については、すでに政府を含むさまざまな機関から、将来予測が発表されている。以降では、その数字を参考にして、二〇三五年の日本をシミュレーションしてみる。

本書の主題は、移民受入れの是非である。まずここでは、日本が現状維持、つまり移民受入れに消極的なまま二〇三五年を迎えるとどうなるのか。「鎖国編」として、時計の針を二十五年ほど先に進めて、その時代に生きる、ある地方公務員の回想録を見てみよう。

二〇三五年の回想

私は東北のある市役所に勤めて、今年で二十五年になる。私が市役所に勤め始めたのは二〇一〇年。あのころ市役所は安定した仕事として、もてはやされたものだった。当時も不景気と言われていたが、今考えると社会にはまだ楽観的な雰囲気もあったように思う。日本は世界の経済大国だという誇りも、依然として人々の間に根強くあった。

私の勤めるA市は東北州の中にある。かつては秋田県と言われていた地域だ。地域の自立と効率的な行政というお題目を掲げて、政府が二〇一一年の東日本大震災の後、苦肉の策で行ったのが道州制だ。道州制の導入で、東北六県は東北州に統合され、各県庁は廃止された。

旧秋田県では太平洋岸の地域と比べると震災の被害はほとんどなかった。しかし、人口減少と高齢化による社会負担の恒常的な増加は、地域経済の足を引っ張り続けた。

私が勤め始めたころの旧秋田県は、人口一一〇万人を数えていたが、今では八〇万人を下回り、人口が三割近くも減ってしまった。それだけでも大変なことだが、六十五歳以上の人口が今では四十%を超えている。旧県域全体で、平均十人に四人が老人という社会に活力は期待できない。

道州制は、確かに地域の自立を促した。しかし、人口減少に対して歯止めがかかることはなかった。二〇〇〇年代には少子化対策が打ち出され、出生率が持ち直し始めたように見えたが、その後また、出生率は下がりはじめ、今でも一進一退を繰り返している。沖縄ではなんとか二十一世紀初頭の人口を維持しているが、残りの地域は、急速な人口減少とともに、人類史上経験したことのない超高齢社会に見舞われることになった。

「シルバーピア」という姨捨て山

大昔に「老老介護」という言葉があったが、最近になって「二老介護」「三老介護」という言葉が使われ始めた。元気な一人の老人が二人、三人の老人を世話するという意味だ。政府は高齢者対策として、二老介護、三老介護政策を進めた。年金の支給開始も七十三歳からとなり、支給額も減った。

　家庭用の介護ロボットが導入され、力仕事の面では役に立っている。しかし、きめの細かな介護はロボットには無理だ。ロボットの導入で省力化はある程度進んだが、二老介護、三老介護の現実は厳しかった。元気だった老人も、いつまで続くかわからない介護に疲れきってしまい、政府は強い批判を受けることになった。

　連れ添いが亡くなったケースだけではなく、離婚件数も上昇したため、人口が減少する一方で、高齢者の一人世帯が増加するという現象が生まれた。一人住まいの老人の孤独死を救うために、さまざまな対応策が練られたが、財源難によって次第に政府の事業は後退していった。

　結局、自宅で面倒をみることのできなくなった多くの老人は、十年ほど前から次々と建設された、数千人を収容する巨大な老人施設「シルバーピア」（皮肉なことにかつて年金資金運用基金が所有していた「グリーンピア」の老朽化した施設を改造したケースが多い）で、集中的に介護されるようになった。シルバーピアは、どこも効率のよい介護を謳っている。

「効率のよい介護」といえば聞こえはよいが、いかに少ない予算で大人数の介護をするかを競っているのだ。そもそも国の税金で運営されるシルバーピアでは、予算の逼迫のため設立当初より運営費が減らされている。ところが入居者は増え続けており、いきおい「効率のよい介護」にならざるを得ない。いつの間にか「姥《うば》捨て山」と称されるようになったシルバーピアだが、政府もない袖は振れないと、そのサービスの改善に消極的だ。

さて、政府は以前から何度も浮上しては廃案になっていた「安楽死法」を再度、持ちだそうとしている。安楽死を希望する老人に対してその意思を尊重し、安楽死を合法化させるというものだが、ここ数年は賛成派のほうが多くなり始め、いよいよ今国会で可決される可能性が高まっている。

一部富裕層の高齢者は海外で余生を楽しみ、高級シルバー施設でのんびり暮らしている人たちもいる。このような海外の施設に客を奪われた結果、国内の高級シルバー施設チェーンが倒産し、大きなニュースになっている。裕福な老人ほど日本を離れ、環境に恵まれた海外のシルバー施設を利用するという「老老格差」が広がっている。

若者の海外流出

問題は老人介護だけではない。若者がいない地域社会に活力はない。人間の本能かもしれないが、元気で活動的な子どもや若者の姿を見ると老人まで陽気になる。しかし若者の姿が多くの地域社会から消えてしまった。もちろん、全ての若者が日本を離れたわけではないが、優秀な若者ほど日本を脱出して海外で暮らすようになった。

その昔、田舎で生まれ育った若者が目指したのは、都会であったが、今やそれは海外になってしまった。

優秀な日本人青年は、税金が高く魅力の薄れた日本を離れ、異文化や移民を積極的に受入れる国で、のびのびと暮らしている。老人があふれ、若者の少ない日本に住み続ける気はなさそうだ。

東京はアジアの中の大都市の一つとして、かろうじてかつての栄光を保っている。一方、他の地方都市では、五十年以上前から問題視されてきた若者の流出にまったく歯止めが掛かっていない。若者の流出は地域社会の存立を脅かし、かつての県庁所在地でも中心部の商店街の無人化が進み、街が荒れ果てた地域も増えている。

地域経済を担っていた地場産業も、雇用者の高齢化が進み次第に衰退した。若年層の労働力不足は地方の経済の基盤を崩していった。かつて、日本の中小企業は優秀な技術を誇っていたが、後継者不足、労働者不足の影響で、優良な企業ほど日本での操業をあきらめ、海外に移転していった。今、地方の有力産業として残っているのは、老人介護などの福祉ビジネスだけだ。

外国人の受入れも相変わらず進んでいない。一九九〇年頃から、外国人労働者の増加が徐々に始まっていた。しかし、二〇〇八年の世界金融危機のあおりを受けて、国内の失業率が悪化した結果、政府は外国人受入れに積極的な姿勢をとらなかった。その後、震災の影響もあり景気の回復は遅れ、高い失業率は変わらず、外国人労働者の受入れ拡大も行われぬままだった。

一方、おとなりの韓国では人口減少が始まる前から、政府によって積極的な移民受入れ政策を採用した。当初は、移民労働者への偏見や差別意識が表面化するなど、単一民族に近い韓国ではたしてうまくいくのか、懸念する声が多かった。しかし、今では二十一世紀の移民国家の成功例として世界から賞賛され、高い経済成長を続けている。今やソウルは、中国の巨大都市と並ぶ世界有数の都市として世界に認知されている。

ゴーストタウン・ブーム

私は、A市の市役所で未利用地対策室に勤めている。未利用地とは、いわゆるゴーストタウンのことだ。住民が消え、荒廃してしまった地域の管理が主な仕事だ。

二十一世紀の初めごろ、「限界集落」という、六十五歳以上の人口が半数を超える集落を表わす言葉が使われるようになった。今では〝限界〟を超えた市町村は、全国の半数近くに上り、当時の「限界集落」はすでにゴーストタウンとなっている。

無人の集落は荒れ果て、一種独特の雰囲気を醸し出している。そのような場所を都会の人間が訪れ、二十世紀の暮らしに思いを馳せる「ゴーストタウン・ブーム」が十数年前に起こった。しかしもはやゴーストタウンも珍しくなくなり、そのブームも去ってしまった。

二〇一〇年十月には、一億二八〇六万人いた人口が、二〇三五年の今では一七〇〇万人も減ってしまった。その一方で、後期高齢者（七十五歳以上）人口は八〇〇万人近く増えている。

こうなる前に打つ手はなかったのか――。今になって強くそう思う。

高齢化、人口減少について、二〇〇〇年当時でも、十分予測がついたはずだ。出生率を上げるためにさまざまな対策がとられ、一部効果はあったものの、高齢化を押しとどめ人口増加を促すには、焼け石に水だった。

見えない砂漠化

人口の減少は恐ろしい影響を地域社会に与えた。これを私は「見えない砂漠化」と呼んでいる。巨額の復興資金が投入された東日本大震災の被災地域が、二十年以上経っても復旧せず、衰退が加速しているのは、人口減少という「見えない砂漠化」が広がっているせいでもある。

われわれの祖先は苦労をして、山野を切り開いて農地に変えてきた。そして、農業とともに豊かな農村文化が日本各地に起こった。しかし、人々の姿が集落から消えるとともに、開拓した農地も荒廃した。のみならず、地域のお祭りや伝統行事といった「ソフト」も、人の姿とともに失われていった。

日本の伝統文化は素晴らしいものだった。地域ごとに人々の暮らしの中から生まれた風習があり、郷土料理があった。それは、数百年間、農業や漁業を営みながら自然の猛威に耐え、神様に感謝しながら暮らしてきた日本人の生きざまそのものと言える。

夏祭りや収穫の祭り、四季折々の行事があった。山を一つ越えると方言が異なり、人々の暮らしぶりも少しずつ異なる。日本は多様で豊かな地域文化の宝庫だった。しかし、人口の減少は、このような多くの地方文化をも消滅させた。

伝統文化の喪失とともに、日本の国土の荒廃が始まった。米作は日本と切っても切り離せない重要な文化だ。見事に整えられた棚田の風景は、先祖が苦労の末に築いてきた立派な文化遺産と言える。災害の予防や生態系の面でも、棚田の効用が理解されるようになったが、農村から人が消えた今、人手の必要な棚田を残すことは不可能に近い。観光や文化資料として生き残った棚田はいくつかあるが、ほとんどの棚田は人口減少とともに荒廃し、いまでは無残な姿をさらしている。

森林も人口減少による大きな影響を受けている。人手がないため、除伐や間伐ができなくなった里山は荒れ果て、保水機能が低下し、いたるところで山崩れが起こっている。江戸時代から続けられた、植林という自然と人間との共生の仕組みは崩壊した。

全国いたるところで、このような「見えない砂漠化」が急速に進んでいるが、都市も例外ではない。人口減少によって電車やバス、地下鉄の本数は大幅に減った。鉄道やバス会社が倒産し、運行が止まったままの地域も多い。構造的な不動産不況に加えて、国内市場向け産業のほぼすべてが縮小していった。新聞社やテレビ局の数もかつての半分に減ってしまった。今まで利用できていたサービスが、次々に消えていくというのは、なんとも物寂しいものだ。

中国からの投資

厳しい状況が続く中で、一つ明るい話題がある。今では寂れてしまった市内の山麓にある温泉地に、中国人富裕層のための、温泉つき高齢者保養施設の建設が内定したのだ。中国も高齢者が増え、日本のような道をたどるのではと、中国政府は警戒を強めているが、アメリカを抜いて世界最大の経済大国となった中国の勢いは、まだまだ衰えを知らない。

高齢者介護についての経験は世界に引けを取らないと、中国の富裕層を対象にした高齢者保養施設の誘致合戦が、日本の各地で繰り広げられている。疲弊が進む地域経済のテコ入れになるのであれば、どこの国のどのような投資であろうが誘致をしたいというのが、今の自治体の本音である。今回の中国の案件も、A市と商社が中国企業に働きかけたものだが、足元を見られて、相当買い叩かれたようだ。

とはいえ、建設が始まれば、次第にA市が活気づくことは間違いない。過去に地域の経済を支えていた土建業者は、すでに衰退してしまっており、中国本土の建設会社が工事を請け負う。地元の関連企業は、下請けとして参加する程度だが、大型事業だけに市内では久々の明るいニュースとして受け止められている。

A市ではここ十年以上、雇用が増えたという話は聞かない。中国の富裕層向け高齢者保養施設によって、地元で新たな雇用や関連事業も生まれるだろう。人口がこれ以上減れば、町自体が実質的に機能不全に陥る。その寸前だっただけに、市の職員としては安堵の気持ちでいっぱいだ。

二〇三五年、日本の没落

このような日本の衰退を招いた元凶は、紛れもなく人口減少と超高齢化社会だった。しかし今に至るまで、思い切った対策はとられることはなかった。人口減少対策の切り札として、二〇一〇年代に移民受入れ政策を実施していれば、と後悔の声が挙がることも多い。

しかし、高齢化や人口減少の影響は、急速に起こるわけではなく、しかもなかなか見えにくいものである。危機的な変化を国民が痛切に感じ取ることがないまま、ずるずると状況は悪化してしまった。

　失業率の高いときに、移民を受入れる決断は政府にとって難しいものだった。移民を受入れると失業率はさらに悪化し、賃金の低下や労働環境の悪化を招くと、多くの人が反対した。しかし現実には、失業率は高くても労働条件の厳しい3K（きつい、汚い、危険）労働や農業、漁業の分野では、人手不足が続いていた。また、そうした職場で働くことに意欲を示した日本人の若者は一部に過ぎなかった。若者から見捨てられた産業はその後、ほとんどが衰退し、一部は海外に移転をして生き延びた。

　二〇三五年、日本は完全に没落してしまったのだろうか――。

　東京を見ている限り、そうは思わないだろう。地方から若者が集まり、アジアや欧米からの観光客もいる。かつてほどではないにせよ、アジアを代表する都市の一つとしての活気を維持しているように見える。しかし全国レベルで見れば、高齢化と中小企業の人手不足によって生産性が下がり、想定を遥かに超えて日本経済は衰退していった。いや、政府は予想していたのかもしれないが、楽観的な見通ししか、われわれには伝えられなかった。

　今になって政府は、移民の本格的な受入れを検討しているが、日本に魅力的な産業がない以上、能力のある移民の受入れは難しくなっている。経済力の衰えとともに日本の魅力は半減している。今から日本にやってくる外国人は、他の国では歓迎されない低レベルの技術しか持たない人たちばかりとも言われている。

一体、日本はどこで道を間違えたのだろうか――。

止まらない人口減少と高齢化

さて、以上のシミュレーションを読んでどのような印象を持っただろうか。あくまで日本の将来についてのシミュレーションのひとつではあるが、絵空事ではない。ここに記したデータは、実際の政府機関の統計を元にしたものだ。

主人公の勤める市役所のある秋田県の人口を見ると、二〇一一年四月の時点で一〇七万九千人。秋田県の人口は今から五〇年以上も前にピークを迎えている。一九五六年には一三五万人を数えていた。その後、一九七〇年代に好転した時期があったものの徐々に人口は減り続けている。

二〇〇八年末に出た「日本の市区町村別将来推計人口」（国立社会保障・人口問題研究所）を見ると、薄ら寒くなる統計が出ていて驚かされる。人口の減少は急ピッチで進み、おそらく自治体として体をなさない地域が、続々と出てくるだろう。そこで述べられている現実は以下のようなものだ。

・二〇三五年には全国の自治体の五分の一以上が人口五千人未満になる
・二〇三五年には北海道の自治体の半数以上が人口五千人未満となる
・二〇三五年には二〇〇五年に比べて、人口が二割以上減る自治体が六割を超える

二十一世紀初頭にはいわゆる平成の大合併が進められ、大規模な市町村合併が行われた。一九九九年三月末に三二三二あった市町村が、二〇一一年四月には一七二四にまで減少した。これは人口の少なくなった自治体が機能しなくなるのを恐れて、規模の拡大を目指したものだが、あと何十年かすれば、さらなる大合併が必要不可欠になるだろう。

さらに、年齢別人口を見ると恐るべき統計が並んでいる。

・二〇三五年には七十五歳以上人口が、二十五％以上を占める自治体が五割を超える
・二〇三五年には二〇〇五年に比べて、七十五歳以上人口が二倍以上になる自治体は、

ほぼ四分の一に達する

七十五歳以上で元気な高齢者も多くいるとはいえ、その多くは労働人口として期待することはできない。むしろ、彼ら一人ひとりを世話する人間が必要になる。それを支えるのは、生産性が高い年代の若者を当てるより、六十歳以上の高齢者予備軍に期待がかかるだろう。

・二〇三五年には、老年人口（六十五歳以上）割合が四十％以上の自治体が四十％を超える

・二〇三五年には二〇〇五年に比べて、老年人口（六十五歳以上）が五割以上増える自治体はほぼ四分の一に達する

六十五歳以上の人口が、半数を超える限界集落の存在が、近年、関心を集め、議論の対象になっている。しかしそれに近い自治体が四割を超えるとなると、他力を頼めず自治体内で解決を図るしかなくなる。はたしてそれを解決する手段はあるのだろうか。

・二〇三五年には年少人口（〇歳〜十四歳）割合が、十％未満の自治体が三分の二を超える

そして、「子どものいない社会」が現実になる。すでにこの傾向は顕著に現れている。二〇〇三年以降、公立の小・中・高校では、毎年四〇〇校以上が廃校となっている。

こうした状況を考えると、市町村合併を行っても、それは弥縫策《びほうさく》に過ぎない。自治体の規模を拡大して人口を増やせば済むという話ではない。すでに平成の大合併で広大な面積を持つようになった自治体では、人口がある程度集積している特定の地域を除いて、高齢化が進んだ広大な過疎地が広がっている。

そうした自治体では、多くの高齢者が孤立していく。それを避けるには、一定の地域に集住させるしかない。必然、見捨てられた集落はゴーストタウン化していくだろう。これは二十数年先の話ではなく、すでに多くの地方で起こり始めている現実の姿だ。

これから高齢化のスピードはさらに速まる。高齢化した日本社会をどのように維持するのか。ミッション・インポッシブルのような状況が二〇三五年を待たずにやってくる。

その時代を支える働き手は、どのように変化するのだろうか。これについても驚愕の統計が並ぶ。働き手の数は二十五％も減ってしまうのだ。

二〇一〇年の生産年齢人口（十五歳～六十四歳）は八一六七万人であるが、二〇二五年には七二三二万人と九百万人以上減少する。二〇三五年には六五八九万人と一六〇〇万人近い減となる。

・二〇三五年には二〇〇五年に比べて、生産年齢人口が四割以上減る自治体が四割を超える

・二〇三五年には、生産年齢人口が五割未満しかない自治体が、三分の一を超える

地域社会を動かす働き手が大きく減ることは、この数字を見れば明らかだ。一方で、人手を必要とする高齢者の数は二〇四五年あたりまで増え続ける。二〇三五年には六十五歳以上の人口は三七〇〇万人、総人口の三十四％を占める。生産年齢人口が五割未満の地域は、働く人間よりも、家族や社会に依存して生活する人間の方が多いということだ。そしてその多くが高齢者ということになる。

そのとき人々の日々の暮らしはどのようなものになるのだろうか。歴史上、そうした社会はいまだかつてなく想像しづらいが、まさに「姥捨て山」が現実のものになっている可能性は否定できない。

出生率増も焼け石に水

二〇一一年六月一日、うれしいニュースが飛び込んできた。厚生労働省は二〇一〇年の日本の合計特殊出生率が二年ぶりに増加したというのだ。合計特殊出生率が一・三九と前年の一・三七を上回り、出生数は一〇七万一三〇六人を数えた。日本の出生率が好転しつつあるようだ。

しかし、現実はそう単純ではない。人口の増減は、増加分から減少分を引くことで計算できる。出生による人口の増加が一〇七万一三〇六人であるとすれば、死亡数はどれぐらいか。二〇一〇年の死亡数は一一九万七〇六六人と、戦後最多を更新した。自然増減数（出生数から死亡数を引いた数）は、マイナス十二万五七六〇人と、四年連続のマイナスで初めて十万人を超えた。

もし、仮に今年から出生率が大きく上がり始めたとしても、その子どもたちが就職するまでに約二十年の歳月がかかる。これからの日本社会で、出生率が大きく好転するとは考えにくいし、仮に好転したところで高齢社会は、出生率とは無関係に進行していく。

実際に二〇〇〇年に入ってから死亡数は毎年、前年を超えて右肩上がりで増加し続けている。一九七〇年代から徐々に増え、近年になってその死亡数は漸増している。高齢者の寿命を数年延ばすことができたとしても、毎年の死亡数を減らすことは不可能だ。出生率が多少増えたところで、増え続ける死亡数に追いつく可能性はない。

ふたこぶラクダの罠

日本の人口構成は他の先進国と異なる特徴がある。それは団塊の世代と呼ばれる戦後のベビー・ブーム世代（一九四七年～四九年生まれ）と、彼らから生まれた団塊ジュニア世代（一九七一年～七四年生まれ）の人口が大きく膨らみ、「ふたこぶラクダ」のような人口構成になっていることだ。

団塊世代の人口増は日本だけの特徴ではない。他の先進国も、第二次世界大戦後にベビー・ブームがあり、戦中より大きく人口が増えている。しかし、ベビー・ブームは他の先進国では数十年にわたって続いたにもかかわらず、日本では三年間ほどの短期間で終わってしまった。

日本でベビー・ブームが急速に終焉を迎えたのはなぜだろうか。それは急激な人口増加を抑制しようと、妊娠中絶を合法化する「優生保護法」（現在の母体保護法）が戦後になって施行されたことが大きい。妊娠中絶の容認がベビー・ブームを短期で終わらせ、その後ピークに比べて六割程度にまで出生数は下がった。

第一のこぶである団塊世代は、二〇一一年現在、六十歳を過ぎ、すぐに六十五歳を迎えるが、それによって日本の高齢化率は急速に高まる。そして今から十五年後、彼らが八十歳近くになり、自然減少を始めると日本の人口は急速に減少していく。

ふたこぶラクダのもう一つの問題は、出生率が急上昇しても出生児の数は減少を続けることである。なぜなら、二番目のこぶ、つまり団塊ジュニア世代は、子どもを産む年代を卒業しようとしているからだ。その後に続く子どもを生む可能性の高い二十五歳〜三十九歳の女性、そしてそれ以降の年齢層は、そもそも人口の少ない世代である。

そして、三つ目のこぶ、つまり彼らの子どもたちにあたる第三次ベビー・ブームはアメリカでは始まっているが、日本では幻に終わりそうだ。二〇一〇年十二月に厚生労働省は、団塊ジュニア世代の子どもの数は平均一・一六人に過ぎず、第三次ベビー・ブームは期待できないと発表している。

未来をひらく鍵は何か

このような人口にまつわる数字を見ていくと、日本の将来に希望を持つことは不可能に思える。人口減少という事態に対する危機感のないまま、時間だけが過ぎ去っていけば、日本は高齢者が突出して多く、若年層が極めて少ない特異な国になる。そうした歪《いびつ》な人口構成を支えるだけの経済力が、将来の日本に残っているのだろうか。

高齢化は日本だけの問題ではない。米国でもヨーロッパでも、高齢化への対応は大きな問題だ。韓国や中国をはじめ他のアジアの国も同様である。

こうした人口減少問題を解く鍵は何か、もうお分かりだろう。

移民の受入れである。

本書でなぜ移民受入れの議論をするかというと、それはひとえにこのような逼迫した問題が目前に迫っているからであり、それに目を瞑ったままでは、先述したような悲惨な状況が待っているのは自明のことである。

世界各国で、すでに「高度人材」と呼ばれる高い技能や知識を持った人たちは、引く手あまたの存在である。それは高度人材に限らない。それぞれの国で必要な分野の人材を、国外から呼び入れることは当然のこととして行われている。

世界では、人口移動はますます活発化している。二〇〇九年の国連の統計では、出生国を離れ海外で暮らす人は二億一千万人を超え、世界人口の三・一％に相当する。

自国の国民より外国人が多い国がいくつもあることはご存知だろうか。カタールでは総人口のうちなんと八十七％、アラブ首長国連邦では七十％、クウェートでは六十九％が国外出身者によって占められている。アジアでは、シンガポールの人口の四十一％、香港は三十九％が国外出身者で、もはや彼らがいなければ、国の機能が完全に麻痺する状態だ。

比して日本はどうだろうか。日本には二〇〇八年末の時点で、二二二一万七千人の外国人がおり、これは日本の総人口の一・七四％に当たる。総人口比一・七四％という割合は、この年の世界二三〇ヶ国・地域の中で一七〇番目にあたる（『国際人流』二〇一〇年二月号「国際間の人口移動」）。

この数字を見ればわかるように、完全に日本は、移民後進国なのである。

かつてと比べれば、日本にも外国人が多くなったという印象を持つ日本人が多いが、日本に住む外国人の割合は、地球規模で人の移動が急速に進む中では、鎖国同然の状態である。

現在の日本の経済力をもってすれば、海外からもっと多くの人々を惹きつけることは可能であり、深刻な人口減少への対策として外国人を受入れるというのは、世界的に見れば最も自然な対策である。

しかし現状では、日本人の移民に対するアレルギーは根強い。アレルギーと危機感を天秤にかけたとき、どちらを選択するか。その選択を誤ると、将来とんでもないことが起きるのは、先述のシミュレーションを見れば明らかだ。

それでもなぜ日本人は、「移民」について大きなアレルギーや抵抗感を抱くのだろうか。次章ではその日本人の移民アレルギーについて考察していこう。

第二章　開国を拒む心理

人口減少という危機

すでに見てきたように、日本の将来にとって最大の危機は、人口の減少である。時間を掛けてゆっくりと進行する人口減少は激しい痛みを伴わないが、日本という国を着実に侵蝕し、気づいたときには手遅れとなってしまう。

ならば、その問題を改善する方法は何か。繰り返すが、それは他の国が当たり前のように行っている「開国」を決断することである。外国人をより多く受入れ、異文化との交流をテコにして日本の潜在力を再活性化させていく。そのためには、受入れに伴うリスクを十分に研究し、もたらされる恩恵を最大限にする方法を考え抜き、最善の方法で実施する。これ以外に人口減少に対しての抜本的な解決策はない。

しかし、現状はどうだろうか？

移民受入れについて、日本では相変わらず抵抗や拒否が根強くある。できるだけその議論はしたくないというムードさえ感じられる。

そうした心理の根底にあるのは、なんとか日本人だけで持ちこたえられないか、犯罪の増加や社会の混乱要因になる外国人の受入れはなんとか避けたいという意識だろう。

しかしだからといって、日本人は排他的で、外国人嫌いな国民と一概に言えるだろうか。日本では不況の最中でも海外旅行は活況を呈している。海外の名所旧跡を訪れたい、異文化に触れたいという気持ちを日本人が持っていることは確かで、テレビ番組でも海外の文化や風習をクイズ形式で出題する番組がいくつもある。

つまり、異文化に関心がないわけではなく、自分が海外に行くのはよい、しかし外国人が日本に来るのは困るというのだ。これはあまりに身勝手ではないだろうか。

中国人観光客誘致ブーム

二〇一〇年から急速にブーム化した中国人観光客については、少々事情が違うようだ。従来、中国人観光客はマナーが悪いというのが一般的な評判だった。二〇〇七年八月のニューズウィークは「世界を騒がす中国人観光客」という特集を組み、「マナーの悪さに大迷惑」という言葉が表紙を飾っている。

ところが、中国人観光客による経済効果が少なくないことに気づくと、全国各地で中国人観光客誘致ブームが起こった。多少マナーが悪くとも、冷え切った国内の消費の底上げをしてくれる最重要顧客として、中国人観光客が受け止められているのである。

中国人観光客の誘致合戦をみると、日本人の閉鎖的といわれる態度が変わりつつあるように思える。従来であれば観光客とはいえ、大勢の中国人の受入れに対して、地域で反発もあっただろう。しかし、表立ってそうした声は少なくなり、歓迎ムード一色の地域もある。

そのような歓迎の裏には、地方経済の逼迫がある。危機感が外国人受入れの心理的ハードルを下げつつある。

各地で外国人観光客の誘致に本格的に取り組みはじめていた矢先に東日本大震災が起こった。二〇一一年三月に発生した大地震と原発事故で日本を訪れる外国人は激減した。これまで日本を訪問した外国人は、日本の素晴らしさを体感し、日本を好きになって帰国した人たちが多い。日本は観光地としてさまざまな魅力を持っているものの、東日本大震災によって状況は一変してしまった。

政府が日本の安全性を世界に訴え、外国人旅行者の呼び戻しに全力で当たるのは当然だが、各地域でも積極的な取り組みをする必要がある。これまで培った海外とのネットワークを利用して、観光業者ばかりでなく、自治体や民間団体も積極的にPRをしなければ、とてもイメージの回復ははかれない。

自治体は千六百を超える海外の姉妹都市との提携を利用して、日本の安全面での取り組みや復興による変化を次々と情報発信していく努力が必要となる。被災地で示された規律正しい日本人の姿勢は世界に大きな反響を呼んだ。日本の安全の回復と並行して、日本人のホスピタリティを草の根からも世界にPRすることが重要課題であると肝に銘じるべきだろう。

排他性のメカニズム

経済を活性化させる裕福な外国人観光客は歓迎される存在となった。では、外国人住民の増加はどうだろうか。

これにはまだまだ抵抗がありそうだ。外国人が同じ地域に住むと何となく心配だ、犯罪を起こすのではないか、面倒を持ちこむのではないか、と不安を覚える人も多い。

ただ、ひとくちに外国人といっても、出身国によっても感情の差はあるようだ。例えば欧米の企業の日本駐在員や大使館スタッフ、大学教員に対して排他的な感情を抱く人は少ない。排他的な視線が向けられるのは、アジアを中心とした有色人種であり、特に職業が3Kであるような人たちだ。

パキスタン人で日本に住む実業家は、「日本人はアジア人を見るとみんな貧乏だと思っている。私がレストランを経営しているといってもなかなか信じない。ましてやベンツなんかに乗っていると、露骨にいやな顔をされますから。たぶん、ジェラシーでしょうね」と発言している（『ダカーポ』一九九七年七月十六日号「日本人の誤解、外国人の誤解」より）。

日本人が他のアジア人に対して持つ偏見の根底には、アジアは日本より遅れており、貧困がはびこり生活水準が低いという思い込みがある。アジアの多様性についての理解の低さもあるが、国の発展レベルと個人の資質を同じように見てしまうところに、日本人の外国人との接触体験の少なさが表れている。

日本の社会では外国人に限らず、日本人同士でもウチとヨソとを区別する論理が働く。社会人類学者の中根千枝氏は、古典的名著『タテ社会の人間関係』（講談社現代新書、一九六七年）の中で、「（日本は）『ウチ』『ヨソ』意識が強く、この感覚が尖鋭化してくると、まるで『ウチ』の者以外は人間ではなくなってしまうと思われるほどの極端な人間関係のコントラストが、同じ社会にみられるようになる」と述べ、以下のように続けている。

「実際、日本人は仲間といっしょにグループでいるとき、他の人々に対して実に冷たい態度をとる。相手が自分たちより劣勢であると思われる場合には、特にそれが優越感に似たものとなり『ヨソ者』に対する非礼が大っぴらになるのがつねである。この態度が慣習的となって極端にあらわれる例は、離島といわれる島の人たちや、山間僻地に住む人々などに往々にして示される、冷たさや疎外の態度である。自分たちの世界以外の者に対しては、敵意に似た冷たささえもつのである」

「離島といわれる島の人たちや、山間僻地に住む人々」を「外国人」に置き換えるとどうだろうか。一部の外国人に対する潜在的な意識と呼応しないだろうか。

中根氏は、日本人による「ウチ」の認識概念は、「ヨソ者」なしに「ウチの者」だけで何でもやっていけるという、きわめて自己中心的かつ自己完結的な見方に依っていると批判する。そしてウチ意識は、会社のようなタテ社会の集団の中で形成されていくという。

『タテ社会の人間関係』が出版されたのは一九六七年である。今から半世紀近く前に出版されたこの本は、現代の日本にどの程度当てはまるのだろうか。

おそらく世代によって意見に相違があるだろう。時代の変化によっても人々の意識は確実に変化している。『タテ社会の人間関係』の中心テーマの一つである「イエ制度」は、半世紀を経て今ではほぼ消滅した。中国人観光客の誘致競争に見るように、時代の変遷とともに人々の意識や態度は変わっていく。その意味で、一部の日本人の排他性も、外国人との接触の機会が増えることで、さらに大きく変化する可能性がある。

女性の活発な国際志向

日本では、国際分野の仕事につきたいと願う優秀な女子学生が多い。国際交流基金や国際協力機構、NGOなど、海外との交流に関わる仕事を志望する学生にも女性が多い。大学の国際関係学部、さらに海外の大学や大学院を目指す学生の多くは、女子学生である。大学生ばかりではなく、高校生を対象とする海外研修でも、参加する学生は圧倒的に女子学生が多い。

筆者の知る女子大生は、日本の有名私立大に優等生奨学金を得て通いながら、一年間イギリスの大学に留学し、NGO活動や学生による国際会議にも参加した。しかし希望する国際関係の仕事を国内では見つけることができず、海外の大学院に留学することを決めた。おそらくそのまま海外で就職先を見つけることになるだろうと、事もなげにいう。驚いたことに両親も、「あなたは海外向きだから日本に戻ってこなくてもよい」と言っているという。

保守的、内向きになりがちな男性に対して、途上国に働き場所を求める女性も増えている。

二〇一〇年の時点で、青年海外協力隊で途上国に赴任している日本人青年は、女性一五五八人に対して、男性一〇七五人と女性の方が五割も多い。国連・国際機関の日本人スタッフ、また民間で国際協力を行うNGOでも、男性より女性スタッフの数が多いという。途上国で積極的に働きたいと願う彼女らには、人種的な偏見も少ないだろう。

こうした状況を見る限り、日本の閉鎖性を打ち破るカギは女性にありそうだ。しかし、こうした女性の声は社会に反映されにくく、日本を変える力にはなりえていないのが現状だ。

内地雑居の大論争

外国人に対する拒否反応は、実は日本だけの問題ではない。あらゆる国に見られるものだ。英語で「ゼノフォービア（xenophobia）」という、Xから始まる変わった綴りの言葉があるが、これは外国人嫌いを意味する。ゼノフォービアは、自分と異なる集団に対する不安感、危機意識から生まれる。

自分の先祖が移民であるにもかかわらず、新たな移民の受入れに反対したり、異文化を恐れたり、毛嫌いしたりするゼノフォービアは、移民受入れ先進国にも存在する。アメリカやカナダ、オーストラリアなど、移民によって成立した国においても、移民の受入れをめぐって、しばしば深刻な政治的対立を生みだす。

日本は江戸時代の長い鎖国を経て開国に至るが、明治期には今よりもっと深刻な開国拒否症候群があった。それが「内地雑居」を巡る論争である。社会学者の加藤秀俊氏の論考を参考に、その議論をおさらいしてみよう。

内地雑居とは、それまで居留地に押し込められていた外国人が、自由に日本国内を移動し、住むようになる状態を指す。日本は諸外国との不平等条約の改正に躍起になるが、それを受入れてもらう代わりに、居留地を廃止し、外国人の日本国内での商業活動や居住・旅行の自由を保証する必要が生じていた。

今となっては滑稽に感じるが、当時は、外国人が自由に日本中を闊歩することが、大変な問題を引き起こすと反対論が渦巻いていた。外国人の受入れの論議は、江戸末期の「開国論」と「攘夷論」にさかのぼることができる。しかし、内地雑居論は明治二十年代、すでに開国が当たり前となった時代に盛んになった議論である。

不平等条約の改正とともに内地雑居が迫ってきたことに関して、反対を唱えたのが哲学者の井上哲次郎の『内地雑居論』（明治二十二［一八八九］年）だった。井上は、雑居反対の理由として、外国人に日本の土地が買い占められるという危惧を述べている。「欧米各国の人内地に入て我日本と土地を占有せん。（中略）何千何万と云う異邦人が内地に侵入することとなり、英米などの豪富が漸々多く土地をも買い込む」

近年のハゲタカ・ファンドや、中国人によって日本の企業や土地が買い占められることに対する反発とも通じるものがある。

さらに井上は外国人を受入れることで、日本人種が滅亡するかもしれないと真剣に憂慮している。井上は西欧人と日本人の体格を比較して、日本人は劣っており、劣者は消滅する運命にあると「人種滅亡の事」という一章を設けて力説している。そして、サンドイッチ島やニュージーランドのマオリ族の人口の激減を例に挙げ、「何れにしても劣等人種が優等人種と雑居するときは其人口減少するの傾向を生じ逐に優等人種に圧倒せらるるものなり」と主張する。

当然、これに対する反論も起こる。経済学者で後に衆議院議員になった田口卯吉の『居留地制度と内地雑居』がその代表だ。田口はその中で、「吾日本人種が此孤島の中に閉息退縮して以て独立を維持し得べしと信ずるは非常の誤謬なり」と述べ、外国人を特定の地域に閉じ込めておくことは世界の常識に反する、日本の欧米使節団も自由に各国を見て回ってきたではないかと主張。さらに田口は、井上自身がドイツに留学して自由に旅行し、「雑居」してきたのに、日本での雑居に反対というのは、矛盾もはなはだしいと攻撃している。

坪内逍遥もこの内地雑居をテーマに、『内地雑居未来之夢』（明治十九〔一八八六〕年）というSFまがいの小説を書いているほど、世間を賑わす大問題であったようだ。

この論争はその後、外務大臣をつとめた陸奥宗光らの努力によって、明治二十七（一八九四）年に日英通商航海条約が締結され、領事裁判権と治外法権の撤廃とともに、外国人の内地雑居が認められることによって決着がついた。

内地雑居を巡る論争は、鎖国を解いた後、本格的な国際化の道を歩むかどうかについて、日本で白熱した議論があったことを示している。

移民受入れに反対する理由

現在、移民受入れについて日本人はどのように考えているのだろうか。

筆者は、二〇〇八年十一月十二日から十一月三十日にかけ、ネット上の「世論調査.net」を利用して、移民受入れについての賛否を問うアンケートを実施した。

評価総数一七三、有効評価数一五五、有効評価率約九十%である。設問に対する回答項目は筆者が作ったもので、ネットで行われている移民受入れの議論を参考に、主な賛成理由、反対理由を想定して構成した。

全体を見ると圧倒的に反対が多く、反対の理由で多い順に三つ挙げてみる。

（1）犯罪の増加の懸念
（2）欧州のような暴動の可能性

（3）日本文化の維持に支障

一方、受入れ賛成側の意見としては、以下の順で多かった。

（1）グローバリゼーションで受入れは不可避
（2）日本の再活性化につながる
（3）高度な技能移民、資産家のみを受入れる

二〇一〇年七月から八月にかけて、全く同じ項目でアンケートを実施したが、変化は（1）犯罪の増加の懸念、と（2）欧州のような暴動の可能性、が入れ替わっただけで、移民受入れ反対が大多数を占めるという事実は変わらなかった。

ネット上を飛び交う移民についての議論を見てみると、アジアの近隣国への批判や、外国人を犯罪の増加に結びつけて考える意見が多い。匿名性の高いネットでは無責任な発言が多くなりがちだが、それにしても「移民」という言葉が、感情的な反発や排外的な愛国主義的反応を引き起こしていると言えよう。

移民とはどのような人々か

そもそも移民とはどのような人を指すのだろうか。

国連では、「通常の居住地以外の国に移動し、少なくとも十二ヶ月間当該国に居住する人」を指すとしている（渡戸一郎＋井沢泰樹編著『多民族化社会・日本』二〇一〇年）。

この定義は日本人が一般に持つ移民というイメージとは大きくずれている。国籍の取得の有無は問われず、また滞在期間も一年以上ときわめて短い。この定義だと、留学のために海外で暮らす人や、会社から海外の現地事務所へ派遣された人たちも、一年以上住めば移民に含まれる。イチローや白鵬も立派な移民になってしまうのだ。

数年しか住んでいない人たちを移民に含めるのはおかしいと考えるかもしれないが、移民という意識はなくても、外国に生活の拠点を構え、いつ帰国するかはっきりしないという人も今は多い。「数年の留学のつもりが卒業後、たまたま現地で職が見つかった。国籍は変えるつもりはなく日本人としての意識は強いが、実際の生活の根拠地はアメリカで、家も数年前に購入した」という人も珍しくない。

また仕事で海外に赴任した人の中には、五年、十年と長期にわたってその国に住み続けている人もいるだろう。そのような人は、帰国の時期も定かでない。

一方、帰化することを目指して、目的の国に住み始めたものの、自分には合わないとあっさりあきらめて、半年で帰国し、別の国への移住を目指す人もいるだろう。

世界的な人口流動の時代になった今、悲壮な覚悟で国を捨てて出て行くかつてのような移民像は時代錯誤となった。現代の移民の多くは、われわれが持つ移民という重苦しい言葉とかけ離れた存在である。

テレビでおなじみの外国人タレントの多くも、国連の定義では日本への立派な「移民」である。彼らの存在を社会の脅威と考える日本人は少ないだろう。

二十一世紀の今、われわれが議論する「移民受入れ」とはそうした人たちだ。ところが、移民受入れに相変わらず抵抗感を抱いている人々には、ボートピープルのような難民と移民の違いが、十分に理解できていないことが多い。日本人の「移民アレルギー」の根っこには、過去の重苦しい移民のイメージがしみ込んでおり、現在の移民の実像とのズレが、真っ当な移民受入れの議論を阻んでいると言えよう。

大相撲と「ウィンブルドン現象」

「ウィンブルドン現象」という言葉がある。近代テニスの発祥の地である英国のウィンブルドンは、今でも世界のテニスプレーヤーのあこがれの場所であり、四大大会の会場のひとつである。プロの選手ならずとも、テニス愛好家なら一度、ウィンブルドンを訪れてみたいと思うだろう。しかしウィンブルドンで試合をする選手のほとんどは、外国人選手である。

もし、ウィンブルドンでの試合をイギリス人だけに限定したら、迫力のない退屈な試合ばかりのはずである。ウィンブルドンが世界的な名声を博しているのは、世界に開かれた競技大会であるからである。

「ウィンブルドン現象」という言葉は、経済用語である。市場経済の中で自由競争を推進することにより、外資系企業が幅をきかせ地元企業が落ち目になる一方、市場そのものは隆盛を続けることをいう。

知人のイギリス人は、ウィンブルドン現象について、英国企業の衰退よりも、このオープンな仕組みを受容する英国の知恵と寛容さを誇っていたが、日本でもそれに当てはまることがある。日本の国技、相撲である。

現在、大相撲の上位力士は外国人力士によって占められているが、相撲界から外国人力士を締め出せという声は聞かない。もし、日本人力士ばかりであれば、相撲の迫力と面白さが半減し、大相撲自体の将来が危うくなることを皆が知っているからだ。これは八百長問題以上に大相撲にとって本質的な問題である。

国技と呼ばれる相撲で、数十年前に外国人力士のスカウトを始めた行動力は、先見性に富んだ大英断だったと言える。

二十一世紀の移民の実態

国連人口基金は一九七八年から毎年、人口に関するテーマを決めて白書を発表している。

二〇〇六年の世界人口白書「希望への道―女性と国際人口移動」の中で、世界レベルの人口移動の状況が詳しく述べられている。いくつか興味深い点を拾ってみよう。

最初に注目したいのが、二〇〇〇年から二〇〇五年の先進国の人口増加は、実に四分の三が移住者の増加分という事実である。移住者の実数は人口停滞期に入った先進国の人口増加の大きな部分を占め、その割合は大きくなりつつあると指摘している。このことは、日本と同様に他の先進国も人口停滞に悩みを持っており、その解決策として移民受入れを行っていることを示している。

次に移住者の一般のイメージと実態との乖離について触れた部分がある。一つは、ほとんどの移住者は最貧層の出身であると広く信じられているが、これは事実に反している。実際には他国への移住者は、自国に残る人に比べて一般に教育水準は高い。

さらに白書では、移住者に関する受入れ側の最大の懸念が、事実とは必ずしも一致していないという。

その懸念とは、「受入れ国の人の仕事を移住者が奪う」「移住者によって賃金水準が下がる」「一国の社会福祉制度にとって移住者は重い負担になる」などである。しかしこれらの懸念が事実であることを裏付ける実証的証拠は弱く、はっきりしないと述べている。

白書では、途上国からの頭脳流出についても言及している。途上国の科学・技術分野の人材の三分の一から半分は、現在先進国で生活しており、たとえばアフリカから高度な技術を持った看護師や医師が、毎年二万人流出している。その例として、イギリスのマンチェスターで働くアフリカのマラウイ人の医師の数は、マラウイ全土の医師の数より多いと報告している。

アジアについての記述も興味深い。アジアでは外国人の花嫁に対する需要が高く、中国や東南アジア出身の外国人の花嫁は、現在三十万人に達しているという。特に結婚目的で台湾に移住する者が激増しており、一九九〇年代以降、十万人近くのベトナム人女性が台湾人男性と結婚している。

なぜ外国人の受入れを拒むのか

日本が、外国人積極受入れの姿勢をとれないのは、以下のような心理があるからだろう。

(1) 外国人は社会に害をもたらす

日本に住む外国人がニュースや新聞で報道されるのは、犯罪行為で取り上げられることが多い。「中国人窃盗団」という言葉が広く使われるようになったが、外国人の増加と犯罪を結びつける日本人は多い。この相関関係の実態については後述する。

外国人は日本人のような協調性がなく、自己中心的で日本社会が混乱するとの考えもある。日本の風習になじまず、身勝手な行動をされると困るというわけである。

はたしてそれは事実なのだろうか。日本に住む外国人の多くはアジア人で、日本に長く住む人ほど一種の日本化が進んでいる。「身勝手な外国人」のイメージと異なり、3Kの職場などでは全く逆のことが起こっている。日本人には耐えられないような仕事を外国人が文句も言わずにこなし、経営する日本人の信頼を得ているという話もよく聞く。後継者に恵まれない中小企業のオーナーが、跡取りにしたいというケースもあるそうだ。

こんな話もある。

二〇〇九年正月、日比谷公園の年越し派遣村は社会的関心を集めた。多くの若者が職を求めている姿を見た大手クリーニングチェーンの理事長は、すぐに職業安定所に向かった。深刻な人手不足が続いていたからだ。正社員・月収二十四万円の条件で人材を募集したところ、百八十名が応募し、そのうち十二名を採用したという。ところが、一週間たって残ったのはわずか一人。「おなかが痛い」「仕事が合わない」と出勤初日の午後に退職届を出した人もいた。理事長は「日本人は少しでもきつい仕事はもうやらない、できないんだということが、よく分かった」という。（『日経ビジネス』二〇〇九年十一月二十三日号「移民ＹＥＳ」より）

職安で仕事を探してはいても、3Kの仕事に就きたがらない今の日本人の実態が浮き彫りになった事例と言えよう。

(2) 同質性を保持したい心情

外国人が入ると社会の同質性が崩れることを危惧する声がある。教室の中に一人日本語が不自由な外国人がいるとしよう。その彼にペースを合わせると、クラスの他の生徒の授業の進行が止まってしまう。職場でも同様だ。一人、コミュニケーションの困難な人がいれば、スムーズに運ぶはずの仕事がそこで滞ってしまう。

日本の同質性には効率性が表裏一体となっている。日本人はその同質性を活かして、これまで高い生産性を誇ってきた。

しかし、異質な人間の存在によって効率性が悪くなるとすれば、これは外国人に限ったことではないだろう。例えば障碍者《しょうがいしゃ》が学校にいること、彼らが通勤、通学をすること、職場にいることにも通じることだ。つまり、外国人でなくとも、同質でない人間は、日本社会の効率性を妨げうる、そんな暴論を許すことにもなる。日本社会は、そのような人々さえも排除してきたというのだろうか。

逆に考えれば日本のノーマライゼーション(障碍者と健常者が区別されることなく同

様の生活ができる環境づくり）が進んでいれば、障碍者同様に外国人の受入れはよりスムーズに進むはずだ。そうでないとすれば、現在の日本は社会的弱者が暮らしにくい社会であることを証明することになってしまう。その意味で外国人の存在は、日本社会の弱点をピンポイントで表わしているとも言える。

外国人の受入れを忌避するのか、それとも、社会のあり方を総点検するきっかけにするのか。どちらの態度をとるかが問われている。世界の趨勢は多様性を是として受入れる方向に向かっている。日本が多様性を本気で受容する覚悟をもつかどうかで、外国人の受入れの対応も異なってくる。

（3）日本の将来への危機感の欠如

危機感の欠如は先述したとおりだ。人口減少社会の持つ怖さをしっかりと捉えれば、放置できない問題だと認識するはずだが、都合の悪いことは直視したくない、現状を変えたくないという心理が、日本人の目を曇らせている。

特に東日本大震災以降、将来に対する不安感が社会を覆っている今、人も企業も保守的になっていく傾向がある。ある意味いたし方ない部分もあるが、できるだけリスクを避け、安全な道をいくことが最善の策だ、という消極的な意識が広がっている。

結果として、そうした消極姿勢が世界と日本との距離を広げ、次第に日本が世界から取り残されていく結果になっていく。すでにその兆候は、日本社会に病巣のように広がっている。次章ではその日本と世界のギャップについて検証してみよう。

第三章　世界から取り残される日本

変化を拒む日本

日本市場に合わせた独特の仕様のために、世界に進出できない日本の携帯電話を揶揄して、「ガラパゴス化」という言葉が使われ始めた。ガラパゴス化とは、日本の特異な市場ニーズにあわせて進化した結果、世界標準から大きく離れてしまい、日本の中でしか生き残れなくなることを言うようだ。日本人の持つ細やかな感性や嗜好にあわせて製品を開発したのはよいが、そうした機能を他の国の市場は評価せず、日本仕様に特化することで、世界市場への進出ができなくなる現象を指している。

しかし、日本が恐れるべきガラパゴス化は、携帯電話業界だけの話ではない。世界がその歩調を早めているのに、日本はのんびりと道草を続け、日本社会が世界から取り残されてしまうようなことが、あらゆるシーンで見受けられる。変化のための努力を惜しんだり、変化を受入れる必要がないと突っぱねたりすることによって、世界との距離は広がるばかりだ。

例えば、アジア諸国は、並々ならぬ姿勢で英語教育に取り組んでいる。英語が、世界標準のコミュニケーション・ツールであり、次世代の若者には不可欠との認識は、先進国や途上国を問わず今や世界共通の認識である。韓国人や中国人の若者にとっても、英語を学ぶのは大変な努力を要するが、二十一世紀を生き抜くためには、必要不可欠であるとの認識に揺らぎはない。

日本でも、過去何十年にわたって英語教育の重要性について、指摘され続けてきた。英語能力の向上の必要性は何度も議論されながらも、いまだ目に見える成果を挙げていないようだ。

日本では二〇一一年度から、小学校五・六年生に対して英語の授業が必修化されたが、中国、韓国では以前より小学校三年生から英語が教えられている。英語を母国語としない人々が受ける、世界最大級のテストであるＴＯＥＦＬ試験のランキングを見ると、日本は百五十ヶ国中、一三七位に甘んじている。

自国の言語と英語のどちらが大切かといった議論を繰り返すばかりで、本格的な英語教育の導入を逡巡しているのはおそらく日本ぐらいだろう。自国の文化や言語に高いプライドを持つことと、英語教育の導入とを秤にかけて議論をしていること自体、ピントがずれている。

世界がグローバル化への対応に必死で取り組んでいるときに、日本人がのんびり構えているとすれば、他の国との差は開いていくばかりだ。

翻訳文化という防御壁

われわれの自己認識として、日本はアジアの東端にある小さな島国というイメージを持っている。しかし、それは現実の日本を反映していない。一億二千万を超える人口は世界十番目で、ひとつ上の九位は大国のロシアである。国土の面積は小さくとも、人口だけを見れば日本は立派な「大国」である。

経済力は言うまでもない。一億を優に超える裕福な人々によって構成される巨大な市場を持つ日本では、国内だけを相手にしても十分な数の顧客がおり、国内にいる限り、世界の動きに無関心でも、英語が不自由でも、普段の生活に困ることはない。

しかし、日本のような大国に生まれてよかったと思うのは早計だ。他の国々がグローバル化に積極的に対応している現状においては、大国であることが最大の急所となりえる。大国であることに慢心し、それゆえ目に見えない防御壁で日本を覆ってしまう。

日本は翻訳文化の国である。ゆえに海外の情報も多少のタイムラグがあっても、日本語に翻訳されたものを読むことができる。そのような「翻訳」は、人口の少ない国では不可能だ。出版のマーケットも小さく、翻訳の市場も成り立ちにくい。中小国では、関心のある情報を得ようとすれば、外国語を学んで自力で読むしかない。

翻訳文化が成熟しているために、世界からダイレクトに情報をとる習慣が欠けている。原書を読む日本人は限られた人たちで、その他大勢にとっては、翻訳されないものはその存在すら認識されない。

世界の大多数の国では、翻訳に頼るという贅沢は許されていない。だから積極的に外国語の学習に励んでいる。最新の情報や専門分野の正確な情報を得ようとすれば、外国語を学ぶしか方法がない。情報のスピードが加速化される時代に、翻訳に頼るだけでは日本と世界との情報格差は広がっていくばかりだ。

国際会議で発言しない日本人

仕事柄、国際会議を設営、あるいは自分自身が会議に参加する機会も多い。国際会議は、サミットのように世界のリーダーが集まる会議から、数名の外国人を交えた小会議までさまざまだ。しかし、そうした国際会議で活躍する日本人の姿はきわめて限られている。往々にして日本人の発言は面白くないし、またほとんど発言がないことも多い。交渉事のような極めてセンシティブな会議もあるが、一方で、特定のテーマについて専門家や関係者が集まり、知的な情報交換を目的とする会議もよく行われる。そうした場でリーダーシップをとって、話のできる日本人はきわめて例外的な存在だ。

それは英語ができないという以上に奥の深い理由がある。ひとつは、自社からの参加が自分一人の場合、自分の意見が社を代表することになる。そんな権限は与えられていないので発言できないというケース。また、参加している他の日本人の顔ぶれを見て、目立たない方が良いと考えて発言しないケースもある。出る杭は打たれるという戒めを、国際会議でも実行している例だ。

そもそも会議についての考え方自体が異なる。日本では初対面のメンバーばかりが集まった会議では、最初から積極的に発言する人は少ない。相手がどんな人間か確認できないうちは、手の内をさらさない方が良いと考え、当たり障りの無い話題に終始し腹の内を探り合う。お互いの気心がある程度わかり始めてから、会議が盛り上がり始める。最後の三分の一が勝負というわけだ。

しかし国際会議では、開始一秒から議論の核心に入ることも多い。知的共同作業といった雰囲気があり、お互いが持っている情報を最初から出し合いながら、議論を深めていく。参加者同士の対話の中から、新たな発想が加わり、既存の知見が深められていく。そのプロセスに皆が参加することに会議の醍醐味、面白さがある。

そうした場に居合わせながら、意見を全く出さずノートだけを一生懸命にとっている人間は、一人前に扱ってもらえない。会議に参加するというのは、議論に貢献することが前提だが、それができない日本人が多い。

英語ができなければ仕方が無いと考えるかもしれない。しかし、同時通訳付きの国際会議でも同様の傾向がある。そうした状況が何十年も前から繰り返され、今でも同じ光景が続いている。

落日の国際交流

かつて日本は、自治体運営の分野で世界の最先端をいっていた。一九七〇、八〇年代の日本の自治体は、頻繁に国際会議を行い、アジアの都市の代表を招き寄せていた。

当時、地方分権が未成熟であったアジアでは、地方自治体が国際的な活動をすること自体、驚きとして迎えられた。現在、中国の地方政府は、対アフリカを含めて、活発に世界展開を進めているが、その端緒となったのは、日本が提案した姉妹都市提携であった。一九七三年、中国で初めて天津と神戸が姉妹都市提携を結んだ。一九七九年には、東京と北京が同じく姉妹都市提携を行った。このように、中国の地方政府の目を世界に向けさせたのは、日本の自治体だったのだ。

しかし現在、姉妹都市への取り組みに積極的なのは俄然中国である。完全に立場が逆転したのだ。東京が海外に十一の姉妹都市を持つのに対して、北京は四十三都市と姉妹都市提携を行っている。その内訳は、ヨーロッパ十七、アジア十一、アフリカ三、南米七、北米三、オセアニア二で、まさにグローバルなネットワークを有している。日本から学んだ自治体の国際化を、戦略的に推し進めていることがわかる。

北京ばかりではない。二十一世紀を迎えて、地方分権化が進んだアジアの都市で国際化戦略が花開いている。世界と密接につながり、情報や人の交流を行うことが、グローバル化を生き抜く上できわめて重要であることは、今やアジア各都市の共通認識といってもよい。その結果、多様な都市間のネットワークが生まれている。

ところが、このような潮流から日本はすっかり取り残されているのだ。日本の各都市は財政難のため、今では国際舞台からすっかり姿を消している。日本が先鞭をつけ、数十年にわたって育ててきたアジアの都市間交流が、いよいよ最盛期を迎えようとする段階で、日本は舞台から去り、惜しげもなく中国や韓国に主役の座を明け渡している。

そのことをあらためて感じさせる出来事があった。アジア太平洋の自治体関係者が集まる会議が、二〇〇九年五月に横浜で行われた。海外から三〇〇人が参加する大規模な会議だ。中国、韓国、台湾、ベトナム、フィリピン、タイなど、数多くの自治体関係者が英語でディスカッションをする。そのうちの一つのセッションを司会・進行も含めて任された。問題は日本人のパネリスト選びだった。

会議の中心メンバーは各国の自治体の幹部だ。当然のことながら、日本も同じようなメンバーで構成する必要がある。しかしこれが難題なのである。なぜなら、自治体の幹部職員の中で、英語で議論できる職員がほぼいないことを知っていたからだ。

政令指定都市や県庁レベルにまで人を求めたが、なかなか適任者が見つからない。資料を用意して英語でプレゼンテーションするぐらいならできるが、質疑応答まではとても自信がないという人も多かった。

もちろん、自治体でも英語のできる職員は増えている。また海外に数年間派遣する制度を持つ自治体もある。しかし、大抵が帰国後に別の部署に移され英語が錆びついている職員ばかりだという。県の政策について国際会議で発表できる自信のある人間は、数万人の職員の中に一人もいないというのだ。

だからといって、日本で行われる会議で、日本の参加者がゼロというわけにはいかない。イギリスで修士号を取得したというつくば市の市会議員をようやく見つけ、何とか面目は保てた。

中国や韓国の地方自治体の積極姿勢を尻目に、自国開催の国際会議にも参加できない日本の現状を、どう考えたらよいのだろうか。

女性が幻滅する日本

実務で活躍できる国際性豊かな人材をどう育てるのかということが問題になる。しかしそのような優秀な人材も、このままでは自分の力を存分に発揮できる場を求めて日本から出て行くだろう。いくら人材を育成しても、その社会が変わらない限り、空洞化が進むだけだ。

これまでも商社や自動車、家電メーカーなどは海外に積極的に打って出ていった。外国語の堪能なスタッフも多い。しかし、海外に赴任した企業人の多くは、本社の顔色をうかがうことに腐心するばかりで、会社の枠を離れて得たネットワークや経験を、企業の体質改善に役立てる努力を怠ってきた。

さすがにこうした状況に業を煮やしたのか、楽天とユニクロが社内公用語を英語にすることを決定した。いずれも新興企業で、社員の年齢層も若い。英語公用語化に踏み切った理由のひとつに、人口が減少し続ける日本で今後商売を続けていくのは厳しいという認識があるはずだ。

その目的は、単に全社員が英語を流暢に話せるようにすることではないだろう。むしろ、それを機に企業文化の変革を目指しているのではないか。またそれは、現在の日本の企業文化に危機感を持っていることの表れとも言える。

日本の企業文化を変革することで、世界を舞台に活躍している優秀な人材も戻ってくるかもしれない。特に女性が重要だ。

海外で活躍する日本人女性はバイタリティがあり、優秀な人が多い。彼女たちの活躍が、日本の評価を裏側から支えている事実は知られていない。

豊富な海外経験を持つ女性たちが、日本への帰国を考えるとき、異口同音に口にするのが、「日本には自分を受入れてくれる場所がない」である。その能力にふさわしい職場と待遇を与える仕組みがないそうだ。それを改善しない限り、優秀な人材の還流が始まることはないだろう。

では、急速に国力を増した中国はどうだろうか。アメリカの調査機関のまとめた報告書では、中国人女性の社会進出はアメリカ以上だと指摘している。企業の幹部の割合を見ると、アメリカよりも中国のほうが女性の進出率が高い。中国企業の十社に八社は女性の幹部がいるが、その割合はアメリカでは三社に二社、ＥＵ諸国では二社に一社にとどまるという。

女性議員の割合も中国は高い。ニューズウィーク誌によれば、中国の全国人民代表大会の代表となる女性の割合は二十一・三％で、この数字はアメリカ連邦議会の女性議員の割合より高い。

さらに驚かされるのは、中国女性の七十五％が企業のトップになりたいと思っていることだ。アメリカでも半数余りに過ぎないという。ちなみに、広島労働局が二〇〇九年度に管内で行った就職活動アンケートでは、役職に就きたいと回答したのは、男子学生で五十八％、女子学生では十八％に留まる。そのうち企業のトップになりたいと思っている男子学生は二十七％に過ぎず、女子学生では十九％だった。つまり全体では、女子学生で企業のトップに立ちたいと考えているのは約三％ということである。

外国人受入れの先手を打つ韓国

国内への外国人受入れといった面ではどうだろうか。日本では移民受入れ政策について、まだ国民的な議論は起きていないが、おとなりの韓国では、すでに移民国家に向けての移行が進んでいる。日本同様、韓国でも少子高齢化が急速に進んでいて、その対策として政府が早々に移民受入れへと舵を切ったのだ。

韓国では二〇一八年に人口がピークを迎え、その後、減少すると予想されている。二〇一〇年、四八五八万人だった人口が二〇五〇年には四二三四万人にまで減り、十人に四人近くは六十五歳以上になると想定されている。

現在はまだ日本のように人口の減少が始まっていないにもかかわらず、韓国政府の人口問題に対する危機感は強く、大胆な策が講じられているのだ。

韓国も日本同様に単一民族的な色彩の強い国家だ。これまでは華僑の人たちが数万人いる程度で、国内では韓民族が圧倒的多数を占めていた。しかし一九九〇年代になると、労働力不足と農村地域の国際結婚という形で、外国人の定住化が始まった。

外国人労働者について見てみよう。一九九二年に韓国と中国の間で国交が樹立され、その後、韓国系中国人が韓国に移り住むようになった。彼らは韓国人青年が就きたがらない3K（韓国では3Dと呼ぶ。"Dirty, Dangerous, Difficult"）の労働市場に進出した。また一九九一年には、フィリピン人労働者を大量に受入れ、一九九二年にはバングラディシュからの受入れも始まった。

聖公会大学のヤン・キホ教授によれば、韓国の外国人労働者の受入れは三期に分けることができる。

一九九一年の「産業研修制」では、外国人労働者は二年間の滞在が可能とされた。だがこれは労働者災害補償保険の非適用という問題を抱え、賃金不払いのほか、三十万人近い不法滞在者を生み出す結果となった。

その反省をふまえて二〇〇四年に施行された「産業研修制プラス雇用許可制」では、外国人労働者に労働三権を付与、労働者災害補償保険への加入、最低賃金制の適用が行われ、三年間の滞在が許可された。

さらに韓国政府は二〇〇七年一月に産業研修制を廃止、「雇用許可制」のみに収斂させた。この雇用許可制の採用によって、外国人労働者受入れへと大胆な政策転換を行ったといってよいだろう。

労働者の増加とともに顕著となった現象に、外国人女性との国際結婚の増加がある。中国人との国際結婚が過半数を占め、ベトナム、フィリピン、モンゴル、カンボジア、タイ、ウズベキスタン、ロシア国籍の女性との国際結婚も大きく増加している。二〇〇九年の婚姻統計では、国際結婚の比率は十・八%と九・三人に一人が国際結婚というレベルにまで増加している。

特に、同年の農村部における韓国男性の国際結婚率は、三十八・七%と驚異的な数字となっている。日本と同様、韓国でも過疎化などの影響もあり、農村の男性が結婚相手を見つけるのが困難で、深刻な嫁不足が続いていた。それが一挙に解消されるような現象が起きているのだ。

一方、当然のことながら課題もある。草の根レベルでの国際交流経験の浅い韓国では、外国人労働者や配偶者に対して、固定観念や差別意識が根強いことが課題として挙げられている。

しかしそれに対して、韓国政府の対応は実に素早いものだった。二〇〇五年に法務部長官が「移住から移民へ」という見解を発表、二〇〇六年六月、ノ・ムヒョン大統領が多文化社会は避けられない現実であると指摘した。二〇〇七年五月には「在韓外国人処遇基本法」が制定され、七月には国籍法の改定が行われた。二〇〇八年三月には国際結婚に焦点を当てた「多文化家族支援法」が制定された。「在韓外国人処遇基本法」では、中央政府と地方政府がともに外国人の人権保護と処遇の改善、多文化理解の推進、外国人のための総合案内センターの設置、「世界人の日」の設定などを規定している。

韓国政府は、こうした法制度により外国人対策と多文化政策のために約百億ウォンを拠出し、地方自治体も多文化家族を支援する事業を開始した。その結果、二〇〇九年には多文化家族支援センターがすでに百ヶ所設置され、韓国語教育、韓国文化理解教育、家族相談などを実施している。

以上が、避けられない人口減少を見越して、「移民受入れ社会」へと素早くシフト・チェンジした韓国の現状である。

ヨーロッパの移民事情

次にヨーロッパの移民事情を見ていきたい。移民の多いヨーロッパであるが、明確な移民政策が最初からとられていた国は少ない。

ドイツでは、総人口の五分の一弱に相当する一五〇〇万人が移民というバックグラウンドをもっている。一九五〇年代の高度成長期から、外国人労働者としてトルコ人などを受入れてきた。

彼らの滞在が長期化しても、ドイツ政府は彼らを「ガストアルバイター（客人労働者）」と呼び、移民とは認めなかった。ようやく二〇〇五年になって、移民の受入れと定住している外国人の統合を図る移住法が発効したが、それまでの長すぎる空白は、ドイツに大きな社会的な歪みを生み出した。

何十年にもわたり、ドイツは移民国家であることを正式に認めなかった。その煽りを受け、長らく中途半端な状態に留め置かれた外国人労働者の生活は、阻害されただけではなく、ドイツ人の外国人住民に対する偏見をも助長し、相互の根深い不信感が生まれたのである。

早くからヨーロッパにおける移民や多民族の問題に関わってきた、欧州評議会という組織がある。その歴史は古く、一九四九年に設立された。「人権・民主主義・法の支配」という共通の価値の実現を目指して、フランスのストラスブールに本部を置く組織である。ＥＵ加盟二十七ヶ国のほか、旧ユーゴ諸国、ロシア、ウクライナ、トルコなど四十七ヶ国が加盟している。

欧州評議会は、移民や国内の少数民族との平和的共存のため、異文化間交流に焦点を当てた活動を長らく行い、『異文化間対話白書（White Paper on Intercultural Dialogue）』を出版している。

興味深いのは、序章でも触れた欧州評議会で実施している「インターカルチュラル・シティ・プログラム」である。これは、異文化摩擦の解消のためには、国以上に地方が重要であるという認識にもとづき、自治体のネットワーク化が図られている。

インターカルチュラル・シティでは、外国人住民の増加など都市住民の多様化について、それを脅威や解決すべき課題としてではなく、むしろ都市再生の好機としてとらえている。具体的な活動として、移民やマイノリティに対して積極的な事業を行う二十一の都市を定め、ケース・スタディを行うほか、都市間の情報交換を行っている。

二〇〇九年に行われたインターカルチュラル・シティの会議に参加した元東京外国語大学教授の北脇保之氏は、参加する都市間で移民や少数民族をリソースとして注目すべきという共通意識が育まれており、またそれぞれの都市が地域の実情に沿った形での取り組みを行政と市民団体が協力して行っていると述べている。

会議では、参加都市の一つであるリヨンで移民の音楽に着目した活動が注目を集めていること、オスロでは移民の青少年のドロップアウト率を下げる取組みがされていること、ベルリンでは移民コミュニティの斬新な運営がなされていることなどが紹介されたという。

労働力から対話へ

ヨーロッパでは移民に対する都市の政策として、四つの段階があると言われている。

第一段階は「短期労働者政策」。外国人労働者を短期間の移転者としてとらえる。

第二段階は「同化政策」。定住化した外国人を、速やかにその国の文化や言語に馴れさせ、自国への同化を促す政策である。

第三段階は「多文化主義政策」。これは同化の強制を止め、移民の文化を尊重し、移民コミュニティの自主性を認めようというものだ。

しかし、移民の文化を尊重するというこの政策には大きな落とし穴があった。移民独自のコミュニティが作られた結果、移民同士が固まり、受入れ国の地域とのつながりが薄くなったのである。この現象は「平行社会（パラレル・ソサエティ）」と呼ばれ、同じ町の中にいながら、移民社会と一般住民の社会が交わることのない状態を意味している。

そして現在、第四段階の政策がとられるようになっている。それはインターカルチュラル・シティのもとになる「文化間対話政策（インターカルチュラリズム）」と呼ばれるものだ。移民と受入れ側のそれぞれがお互いを尊重しながら、頻繁に対話やコミュニケーションを重ねる政策である。移民コミュニティを糸の切れた凧にしない、つまり、住民から手の届かない存在になってしまうことを防ごうというものだ。

また欧州委員会は二〇〇三年に「移民、統合および雇用に関する通知」を出している。この通知では、移民を受入れる際には、統合政策として、社会・経済的局面、文化・宗教的局面、市民権等の政治的局面など、個別ではなく包括的に行うアプローチの必要性が強調されている。

日本は世界の反面教師

二〇一〇年の初夏に、アメリカの首都であるワシントンDCを訪れた。例年になく暑い日が続き、まだ五月だというのに強い日差しが照りつけている。

ワシントンには著名なシンクタンクが数多くある。アメリカでは、政党のブレーンの役割を果たすシンクタンクが、政策立案に重要な役割を果たしている。日本は自民党の長期政権のもとで、官僚がシンクタンクの役割を実質的に果たしてきたので、アメリカのような本格的な非営利民間のシンクタンクは存在しない。

その中でも、ブルッキングス研究所の名声は国内外に轟《とどろ》いている。一九一六年に設立、中道・リベラル系のシンクタンクとして、長い伝統と実績を誇っている。国際政治、経済、国内問題など幅広い分野の専門家が揃い、極めてレベルの高い研究を行い、数多くの報告書や書籍が出版されている。

研究者だけで二〇〇名を超えるスタッフを持つブルッキングス研究所は、いくつもの建物に分散されている。受付のあるメインビルには、各国の大使館の車がひっきりなしに出入りし、世界水準の知を求めて多くの人たちがこの場所を訪れる。筆者もそのなかの一人であった。目的は、移民問題の専門家であるオードリー・シンガーに会うためだ。

彼女の名前は、同研究所の出版物を通して知った。人口学者でもある彼女は、最近、アメリカの移民の状況について共同研究を発表したばかりだった。受付で待つこと数分。現れたオードリーは初対面にもかかわらず、にこやかに迎えてくれた。

自己紹介を簡単に済ませると、早速、米国の移民政策について彼女の意見を聞こうとした。矢継ぎ早に投げかけた質問に対して、彼女はゆっくりと的確に答える。日本を一度だけ訪れたことがあるようで、「日本の文化は素晴らしい。是非、もう一度行ってみたい」と筆者に話した。

最後に、日本の現状をどのように考えているのか尋ねてみた。ある程度は予想していたものの、その答えはショッキングなものだった。

「日本は、移民の受入れを拒むことで没落していく国の例として注目されている。その点で日本は世界の教訓になっている」

「世界の教訓」という言葉に、私は一瞬、息を呑んだ。もっと言えば、それは「反面教師」ということだろう。日本が移民を受入れようとしていないことは世界的に知られており、人口減少への対応の鈍さが話題となっていることには、以前から気がついていた。しかし、こう単刀直入にそれを表現されるとさすがに二の句が継げなかった。

彼女の日本に対する懸念が、どれだけの日本人に認識されているのだろうか――。彼女の見送りを受けて建物を出ると、日本は本当に大丈夫かと、ため息が自然に漏れた。

しかし彼女の見方が少数意見なのでは決してない。日本が人口減少社会に有効な手立てもないまま、なおも移民の受入れに着手していないことで、好奇の目にさらされるのは世界的に考えれば当たり前のことである。

はたして、彼女の言うように、本当に日本はこのまま没落していくのだろうか――。

次章では、日本が外国人の受入れをどのように考え、現場でどのような対応をしているのか、その現状を検証してみたい。

第四章　ビジョンなき受入れ現場

日本の人口の一・七%が外国人

移民受入れのあり方を検討する前に、現状を把握しておこう。

東日本大震災で減少が懸念されるが、二〇〇九年末の時点で日本に滞在する外国人は、二一八万六一二一人に上り、日本の総人口の一・七一%を占めている。先述のとおり、前年二〇〇八年の比率は世界で百七十番目だったが、景気後退によりさらに三万人余り減少している。

国籍別に見ると、中国と韓国・朝鮮で、五十八%と過半数を超えている。次いでブラジル、さらにフィリピン、ペルーが続く。

日本に住んでいる外国人は、出入国管理及び難民認定法（以下、入管法）に定められた在留許可を得て、日本に滞在することになる。日本に住む外国人（駐留米軍の人数は含まない）のうち四十三%は、一般、特別を含めた「永住者」という在留許可を得ている。

特別永住者というのは、在日コリアンのように、日本の旧植民地出身者とその子孫を対象としたものだ。一方、一般永住者とは、他の在留資格で入国し、一定の期間、日本に居住した後に、申請によって永住を認められた人たちを指す。永住者の資格を取得すると、在留活動や在留期間に制限がなくなり、日本国籍であることを要件としている職を除いて、自由に職業選択することができる。

一般永住者としての在留資格を得るには、一定の条件を満たした上で申請する必要がある。それは、日本に十年以上住み、素行が善良で、独立して生計を営むことのできる十分な資産や技能を持つことなどである。一般永住者の数は、二〇〇九年には前年に比べて、四万一千人余り増加している。

また日本に骨を埋める決意をした外国人の中には、日本国籍の取得、つまり帰化を望む人たちもいる。帰化を認められるのは年間で一万四千人程度である。

このように数字だけを追うと、日本でも永住や帰化の道は広く開かれているように見えるが、実際そのプロセスは容易ではなく、人口比率から考えると極めて少数でしかない。海外から見れば、針の穴に糸を通すほどの極めて限定的な受入れに映る。

日本に住む外国人の在留資格で永住者に次いで多いのが、「日本人の配偶者等」の在留資格を持つ外国人で、二十二万人に上る。この在留資格を認められるのは、配偶者以外にも、日本人と外国人配偶者との間に生まれた子や、法律上の婚姻が成立していなくても日本人の親に認知された子も含まれる。ただし、外国人の連れ子の場合は「日本人の配偶者等」の在留資格は認められない。

「日本人の配偶者等」とほぼ拮抗して多い在留資格に「定住者」がある。定住者とは、法務大臣が特別な理由を考慮し一定の在留期間を指定して居住を認める者である。

実際にはさまざまなケースがある。たとえば日本人と結婚した外国人が、その日本人と死別や離婚によって「日本人の配偶者等」の在留資格を失った、しかし、相手の日本人との間に生まれた子どもがいてそのまま日本に住むケース。また、先述の外国人の連れ子も定住者になる。また中国残留邦人やその子なども当てはまる。多くの日系ブラジル人や日系ペルー人の在留根拠になっているのも、この定住者である。

景気の低迷や震災の影響によって、南米からの新規の来日者は減っているが、定住者の資格を持つ彼らは、公務員などを除けば、日本でどのような職につくことも可能である。つまり、一種の移住を彼らに認めているのである。

日本に住んでいる外国人の数をストックとすれば、フローに当たるのが日本に入国する外国人の数だ。外国人の二〇〇九年の入国者総数は、七五八万人と前年より十七％も減少した。これは二〇〇八年後期に起こった、世界的な景気後退の影響と見られている。過去十年、外国人の入国者数は、二〇〇九年を除いてほぼ右肩上がりで増え続けている（しかし当然二〇一一年は、震災の影響で大幅に減少するだろう）。

二〇〇九年の外国人入国者のうち、新規の入国者の数は六一二万人を数える。その内訳を在留資格別に見ると、最も多いのは「短期滞在」で、五八二万人と全体の九十五％を占める。短期滞在とは観光やビジネスで短期間、日本を訪れた人たちだ。

日本に長期間住むことになる外国人入国者は、総数の二十分の一、全体の五％である。この三十万人ほどの長期滞在者の在留資格がどうなっているか見てみよう。

「研修」が「短期滞在」に次いで多く、二〇〇九年には八万四八〇人を数える。これは後述する「外国人研修・技能実習制度」を利用して来日し、日本に住む人たちが中心を占める。

三番目は「留学」である。その数は三万七八七一人。五番目になるがそれと似た在留資格に「就学」がある。「留学」は大学、短大、専修学校の専門課程の学生、「就学」は高校や専修学校の一般課程の学生が対象となる。「就学」の数は二万八二七八人で「留学」と合わせると七万人近くになる。

四番目は「興行」だ。「興行」の資格の中には、プロのスポーツ選手や歌手などが含まれ、三万一一七〇人を数える。「興行」はこれまで問題の多い入国資格だった。東南アジアからのダンサーがホステスとして働くケースが多発し、日本国内で人身売買が横行していると非難の声が国際的に上がっていた。その結果、二〇〇五年に省令が改正され、「興行」での入国審査が厳しくなった。今では四分の一程度にまで減っている。

六番目が「公用」で、これは外国政府の大使館や領事館の職員が対象となる。七番目は「家族滞在」。これは特定の在留資格を持つ外国人の家族であれば、日本に入国できるというものだ。そして八番目が「日本人の配偶者等」。日本人との国際結婚によって新たに日本に入国した人たちだ。

入国時の在留資格に「永住者」という枠はない。なぜかというと、新規の入国者に対して日本は永住目的での入国、つまり「移民」としての入国を認めていないためだ。

以上見てきたような在留資格を取得して滞在が認められた外国人の中から、少数の人間に対して、移民に相当する永住や帰化、すなわち日本国籍を付与（元の国籍は剝奪）

する措置をとっている。

入国者を国別で見るとどうだろうか。新規の入国者で最も多いのは韓国で一四五万人と全体の二十四%を占める。次いで台湾が九十九万人（十六%）、中国七十五万人（十二%）、アメリカ六十五万人（十一%）、香港四十二万人（七%）の順になる。

地域では全体の七十%をアジアが占めている。続いて北米十三%、ヨーロッパ十二%、オセアニア四%、南米〇・五%、アフリカ〇・三%と続く。あらためてアジアから日本に入国する人が圧倒的に多いことがわかる。

オーバーステイ（不法残留者）の数はどうだろうか。法務省の発表では毎年減り続けており、二〇〇五年には二十一万人近くいたが、二〇一〇年一月現在、九万二千人弱にまで減っている。国籍別では韓国、中国、フィリピン、台湾、タイの順となっている。

日系ブラジル人の数奇な運命

日本に滞在する外国人のうち、中国、韓国・北朝鮮の人々に次いで多いブラジル人だが、彼らが大挙して日本に移り住むようになったのは約二十年前からだ。彼らが多く来日するようになったのは、日本側が彼らの来日を認める政策をとったからである。ある意味これは、日本の移民受入れのテスト・ケースであったともいえる。

その背景や経緯を簡単に追ってみよう。

一九九〇年、入管法が改正され、日系三世に対して「定住者」としての在留資格が与えられるようになった。これまでも日系一世、二世に関しては在留資格があったが、三世の入国が可能になったことで、日系ブラジル人の日本への還流という新しい現象が始まることになった。

そもそも日本とブラジルとの関係は、日伯修好通商航海条約が締結された一八九五年にさかのぼる。そして一九〇八年には、神戸港からブラジルのサントスに向けて、最初の移民団七八一名が、笠戸丸に乗って出港した。その百年後の二〇〇八年、ブラジル移住百周年の際には、日本国内で記念切手や記念五百円硬貨が発行され、皇太子がブラジルを訪問し、記念式典が盛大に行われた。

故郷に錦を飾ることを目的にブラジルを目指した日本人は、終戦までに十九万人にのぼる。第二次大戦後、ブラジルへの移住が再開されたのは一九五二年のことである。戦後の移民は、ブラジルでの永住を最初から希望する人たちが多く、一九七〇年代ごろまでに約六万人が移住した。彼らの子孫を含めて、日系ブラジル人は現在一五〇万人を超えると言われている。移住開始から、二十五万人が移民としてブラジルに渡ったと言われるが、興味深いことに、今では同数に近い数の人々が日本に戻ってきたということになる。

一億八千万を超えるブラジルの人口の中で、日系人の数は一％弱に過ぎない。しかしその多くが中流階層以上で、医者や弁護士などの職業につく日系人も多いという。一般に日系ブラジル人は教育に熱心で、ブラジル国内で教育の重要性を広めたのは日系人であるとも言われている（『在日ブラジル人――二国間関係の人的絆』二〇〇一年）。

日本への「デカセギ」

なぜ移住先のブラジルで成功を収めた日系ブラジル人が、日本に「定住者」として帰ってくることになったのだろうか。

それはブラジルの経済に理由がある。一九八〇年代はブラジルにとっての「失われた十年」と言われている。一九八〇年代から九〇年代の初頭にかけて、ブラジルは天文学的なインフレに襲われ、経済が破壊的な状況に陥った。

そこで、一九八〇年代の中ごろから、移民一世と二世の間で「デカセギ」と呼ばれる日本での就労が始まった。広大な国土を持つブラジルは、一九七〇年代まで一貫して移民受入れ国だった。それが逆転し、ブラジルから海外に労働者として出国するようになったのは、近年の現象である。

来日した日系人一世や二世は、「デカセギ」という言葉通り、短期間だけ日本で稼ぎ、いずれブラジルに帰ることを意図していた。ところが、一九九〇年以降、バブルが崩壊し不景気の時代を迎えた日本では、彼らの収入が思ったほど増えず、日本での滞在が次第に長くなっていった。滞在期間が長くなるにつれ、ブラジルから家族を呼び寄せるケースが増えていった。

さらに一九九〇年の入管法の改正で三世にも門戸が開かれ、毎年四万から八万人の日系ブラジル人が来日するようになった。この入管法の改正は、人手不足に悩み外国人の労働者を求める国内の産業界からの要請を受けたものである。日本人の血を引く日系人であれば、日本社会も受入れやすく、彼らも同化しやすいとの意図があったのだろう。

しかし来日した日系三世のほとんどは日本語が話せず、日本人から見れば彼らは「ブラジル人」そのものだった。

日系ブラジル人が住む地域は、愛知県、静岡県、群馬県、三重県、岐阜県、滋賀県などに集中している。いずれも製造業が多く集まっている地域だ。彼らはそこで製造業の下請け工場などから職を得ていた。

日本では工場の製造現場で働く彼らだが、ブラジルでは社会の中枢の仕事をしていた人たちも多い。しかし、ブラジルでの学歴や職歴は、日本では認められず、日本で従事している仕事の多くは、工場のベルトコンベアでの作業や3K労働である。

金融危機後の日系ブラジル人

二〇〇八年、世界規模の金融危機の煽りを受け、同年冬から急激に日本の失業率が悪化した。リストラの対象になったのは派遣労働者であり、その中には多くの外国人労働者がいた。もちろん日系ブラジル人も多く含まれた。

二〇〇九年の正月明け、筆者は日系ブラジル人が最も多く住む静岡県浜松市を訪れた。浜松は車両関係の企業が多く、景気悪化のために日本人、外国人を問わず多くの派遣労働者が解雇されたと報道された。ホームレスになったブラジル人家族の子どもが凍死したというデマも流れたほど、伝えられた状況は深刻だった。

駅を降りると、数人のホームレスが駅周辺にいるだけだった。コンビニに入り求人誌を広げると、さまざまなサービス業を中心にした求人広告であふれていた。一体これはどういうことなのか。

外国人労働者の支援を行う団体のスタッフに聞くと、解雇が行われたのは車両関係だけで、あとの産業は以前と変わりがないという。車両関連の工場での大量失業という事態の一方で、他の産業では相変わらず人手の足らない状況が並行して続いているという。

しかしそれでも、失業した日系ブラジル人の状況は深刻である。車両関連の工場で働いていた多くの日系ブラジル人は職を失い、路頭に迷うことになった。彼らは、新しい職を求めて苦悩する日々が続いているという。

救いだったのは、日系ブラジル人には家族や仲間からなるセーフティネットがあったことだ。友人や家族、そして教会が職を失った彼らを温かく支援し、工場の寮を追い出された人たちが身を寄せる縁《よすが》となっていた。日系ブラジル人の間のつながりは強く、お互いを支え合う仕組みが、路頭に迷う人々を最小限にとどめていた。

そうした失業した日系ブラジル人に対して政府が打った手は、ブラジルへの帰国旅費を補助するというものだった。日本で職がない以上、早々とブラジルに帰ってもらいたいという意図が透けて見える。しかもその代償として、この支援を受けた者は当分、在留資格による再入国を認めないと発表し、体のよい「手切れ金」ではないかと批判の声が国内外で上がることとなった。

浜松では二〇〇九年一月二十四日から二月十三日にかけて、ブラジル人を対象に緊急のアンケートが実施された。このアンケートは、対面での聞き取り調査である。回答数は二七七三件に上った。その結果、今まで具体的にわかっていなかった日系ブラジル人の状況が明らかになった。

アンケートに答えた人のうち女性が、四割近くを占める。ブラジル人労働者というと男性のイメージが多いが、実際には単身ではなく、ブラジルから家族を呼び寄せ、浜松で配偶者や子どもと暮らしている人が七割近くを占める。二十代から三十代までが六十%を超えており、働き盛りの年代が多く、日本での滞在期間は三年から五年が最多で、十年以上滞在している人も四十%を超えている。

「失業している」と答えた人の割合は、四十七%と半数近くを占め、さらに解雇を予告されている人が十四%となった。雇用形態は、派遣社員が六十五%と過半数を占め、直接雇用は二十%に過ぎない。また社会保険にも、雇用保険にも入っていない人が三十五%にものぼっている。

「毎日行う日本語教室があったら参加したいか」という問いに対して、「はい」と答えた人が七十九％を占め、失職の危機に直面して、日本語の能力の必要性を痛感しているのであろう。ブラジルへの帰国予定については、「わからない」が最も多く五十八％、「いいえ」が二十七％、「はい」が十五％と、帰国を決めかねている様子がわかる。

浜松市では、失業によって生活に困窮し始めた日系ブラジル人に対して、就業支援の活動が始まった。失職した日系人を対象に、就労準備研修「シャンセ！にほんご教室（「シャンセ」とはポルトガル語で「チャンス」の意味）」を開催したのは、市が設立した浜松国際交流協会である。二〇〇九年七月から開始されたこの事業では、日本語学習以外に、面接に必要な礼儀作法や履歴書の書き方など、就職に直結する実践的な内容が盛り込まれた。

この研修を受けたのちに、ホテルの洗い場での就職が決まった日系ブラジル人は、「今までは派遣会社でパスポートを見せ、ポルトガル語で少し話せば働けた。日本の就職活動を学べてよかった」と感想を述べている。ちなみに参加者の半数近くが職を得たという（「朝日新聞」二〇〇九年九月十一日朝刊）。

また浜松国際交流協会では、外国人を対象とした介護セミナーも開催、介護ヘルパー二級に合格した参加者もいた。すでに日本人と変わらぬ働きぶりと評判もよいようだ。日系ブラジル人は、スキンシップが得意で人の身体を触ることに抵抗がなく、何より明るいのが取り得という。

突然の不況によって解雇された日系ブラジル人は、帰国か、日本に留まるかという重い決断を迫られた。そして、日本で生きる覚悟を決めた人たちは、日本語の習得をめざすとともに、派遣による工場勤務から、サービス業や一部農業など、多様な仕事に従事する道を歩み始めている。

現代の「女工哀史」

最近になって、「外国人研修生・技能実習生」をめぐって問題が勃発している。「外国人研修生・技能実習生」として来日した外国人が、日本人の雇用者に搾取され、人権侵害を受けたことが表面化しているのだ。

では、その「外国人研修・技能実習制度」(二〇一〇年七月に技能実習制度に一本化された)とは一体どのような制度なのだろうか。

それは、「研修」とあるように、外国人を日本に招き、日本の技術を身につけてもらおうという、一種の国際協力の仕組みである。

かつては、海外に進出した日本企業が、現地法人などで雇用した社員を日本に呼び、日本で研修を受けるように取り計らってきた。ところがバブル期になると、労働者不足という国内事情を背景に、雇用関係のなかった外国人を研修生として、日本に招く仕組みが一九九〇年に生まれた。

あくまで名目は「一年間の研修」だが、実際には仕事に従事させることがしばしば行われ、それに対する批判もあり、一九九三年には、研修後に技能実習生として受入れるシステムへと変更が行われた。技能実習生は、企業と契約を結び、引き続き二年間にわたり、労働基準法の下で仕事に就くことができる。研修生から実習生になるには、技能検定試験を受ける必要があるが、比較的容易に実習生になることができる。

受入れ側の企業は、途上国への技術移転という名目で、一人の人間を三年間、安い労働賃金で確保できることになる。東日本大震災以前には、この制度によって全国に約二十万人の外国人（そのうちの約八割は中国人）がいた。ところが、このシステムをめぐってさまざまな問題が勃発していたのだ。朝日新聞に掲載されたショッキングな記事を引用しよう。ジャーナリストの莫邦富《モーバンフ》さんによる、「女工哀史の世界、ここにも」だ

（二〇〇八年九月十三日付朝刊）。

朝7時30分から深夜0時まで働き、残業代は1時間に300〜350円。半年間で休みは3日。日本人の社員全員が休む正月にも出勤を命じられた。

労働条件の改善を会社に求めたところ、経営者が十数人の男女を連れて早朝の女子寮に乱入し、女性たちに殴るけるの暴行をしたという。全治10日の打撲傷を負った女性もいる。

さらに、マイクロバスに彼女たちを押し込み、中国に強制的に帰国させようとしたという。女性たちが必死に抵抗し、寮に戻ることができたが、見張りの男がついた。逃亡しようとした女性は2階の窓から落ち、骨折してしまった。

ほかの女性たちはぶどう畑に逃げ込み、一晩野宿した。地元の住民が彼女たちに同情し、東京の支援団体まで送ってくれた。

山梨県昭和町で起きた現代版「女工哀史」だ。女性たちは中国湖北省からやってきた技能実習生である。今月2日、衆議院議員会館で記者会見し、実習先の会社の社長らを逮捕監禁致傷と傷害の疑いで刑事告訴したと発表した。

会社の社長は8月末、彼女らの支援団体に対して「すまないことをした」と語り、実習生の給与にも問題があったと認めたが、9月になって「暴行はしていない」「実習生のパスポートは偽造だ」と書類で主張した。

記者会見に同席し、冒頭で発言を求められた私は、記者たちに尋ねた。「『女工哀史』を読んだことのある人はいますか」。手を挙げた人はいなかった。

世界2位を誇る経済大国は、奴隷労働に支えられている。こうした現実を何度も見せつけられ、私は日本への不信を強めている。

果物の里である山梨県は中国人観光客を懸命に誘致している。だが、先に奴隷労働の舞台として中国で知れわたる恐れがある。一刻も早く手を打つべきだ。

現代日本でこのような事件が実際に起きたとはにわかに信じがたいが、実際に外国人研修・技能実習制度を悪用して、人権侵害に抵触する問題が頻繁に起こっていた。

二〇〇八年中に不正行為を認定された「外国人研修生・技能実習生」の受入れ機関は四五二に上り、前年を上回り過去最多となった。

例を挙げよう。あるクリーニング業者は、本来研修生の残業が禁止されているにもかかわらず、十ヶ月にわたり月八〇～一六〇時間の残業や休日出勤をさせていた。ある縫製業者は、彼らに時間外労働をさせながら、時間外賃金を時給二〇〇円しか払っていないなど、さまざまなケースがあった（「朝日新聞」二〇〇九年四月十日夕刊）。

外国人研修生・技能実習生の中には、来日中に死亡してしまうケースもあり、二〇〇八年度には前年度より十三名増え、過去最多の三十四名となった。死因は脳・心臓疾患が最多で十六名。専門家は「研修生・実習生の中には、残業が月200時間を超える人も珍しくなく、脳・心臓疾患の多くは過労死だと思われる」と指摘している（同右二〇〇九年六月二十三日朝刊）。

外国人労働者の奴隷的状況

二〇一〇年、日本に住む外国人の人権問題を調査するため、国連から初めて専門家が日本を訪れ、政府関係者や外国人学校、外国人団体に対して聞き取り調査を行った。三月末に都内で行われた記者会見では、国連のホルへ・ブスタマンテ特別報告者が、外国人研修・技能実習制度について、「搾取的で安価な労働力を供給し、奴隷的状況にまで発展している場合さえある。制度を廃止すべき」と指摘した。

日本の国際的な評判を台無しにするような指摘があるにもかかわらず、日本政府はなぜこのような制度を維持し続けているのだろうか。

それは送り手（途上国）と受け手（日本）双方に事情がある。

高度成長が続く中国でも、地方都市の賃金はまだまだ低く、日本との賃金格差は十倍以上になる。研修期間に受け取る生活費程度の数万円でも、地方で暮らす貧しい中国人にとっては大金だ。彼らが日本に来るには、面接や事前の研修を受け、さらに手数料や保証金として約五万元を払い込む必要がある。借金をしてその必要経費を工面する人も多い。

日本での研修・技能実習の数年間、辛い仕事に耐えながら我慢をして働き、ようやく貯めたお金を持って故郷に帰る。いかに不当な扱いを日本で受けたとしても、そうした苦しい台所事情を考慮すると仕方ない、そう割り切っているように思える。しかし、中国の送り出し機関によると、帰国して来日前より生活レベルを上げることができるのは、三割程度にとどまるという（同右二〇〇九年七月十八日夕刊）。

受入れ側の企業の事情は単純だ。彼らに労働基準法にのっとった最低賃金以上を支払うと、会社の経営をダイレクトに圧迫するからだ。そう本音を洩らす中小企業も多い。

研修生の間は、生活費程度を払えばよいが、実習生となると最低賃金を払わなければならない。その差額を渋り、無視することがしばしば行われてきた。

このような相次ぐ不祥事と外国人研修・技能実習制度への批判を受けて、入管法が改正され、二〇一〇年七月に技能実習制度へと一本化されたことはすでに述べた。来日一年目の研修生制度はなくなり、かわりに「技能実習」（一号）という制度になり、職種制限がなくなる。そして初年度から「労働」として認められ、労働関係法の庇護を受けることができるようになった。

しかし、二〇一〇年内に徳島県内の事業所では、なんとその九割で労働基準関係の法令違反があったと徳島労働局は発表している。技能実習制度に変わってからも、不正の芽は完全に摘み取られていないようだ。

被災した東北を訪れた中国の温家宝首相は、「はじめに」でも触れた中国人研修生を助けた女川町の水産会社専務を高く評価した。同氏が示した日本人が本来持っている優しさや責任感を皆が発揮できるようになるには、短期の受入れからの制度変更が必要だろう。

なぜなら現行の制度では、どうしても受入れ側の企業にとって、彼ら外国人労働者は

「使い捨ての労働力」であり、また外国人労働者も来日を一時的な金儲けの機会としてしか考えなくなるからだ。それを根本から改善する仕組みを整備しないと、日本の国際的な評価は地に落ち、モノづくりの屋台骨も崩れることにもなりかねない。

外国人増加で本当に犯罪が増えるのか

第二章で、移民受入れに反対する理由として「犯罪の増加の懸念」が多く挙げられたことはすでに述べた。こうした心理的抵抗は、今でも根強くある。いくつかのデータを開示しながら、それについて考えていきたい。

二〇〇三年に内閣府が行った「自由時間と観光に関する世論調査」で、外国人観光客が増えて欲しいかどうかを聞いている。これに対して、「大幅に増えて欲しい」が十八・四%、「多少増えて欲しい」が二十九・八%と、あわせて四十八・二%であった。一方、「あまり増えて欲しくない」が二十八・三%、「全く増えて欲しくない」が四・一%と、こちらの合計は三十二・四%という結果となった。

「増えて欲しい」が「増えて欲しくない」を上回った結果となったが、複数回答で後者の理由を尋ねると、「観光客を装った犯罪者が入国し、犯罪の増加につながることが心配」が九十・二％と圧倒的だった。次いで「習慣等が分からず、(外国人と)どう接すればよいのか不安」が十四・一％、「外国語を話せない日本人が多く、コミュニケーションに難がある」が十一・九％だった。

このアンケート結果を見る限り、外国人の増加が、犯罪の増加に結びつくと多くの日本人が考えているようだ。しかし、本当にそうなのだろうか。

アメリカでは毎年数十万人の移民を合法的に受入れているが、その増加が犯罪に結びつくという認識はない。アメリカの移民制度のユニークな点は、移民多様化プログラムを持っていることである。このプログラムは、他の移民受入れ国と違って、学歴や英語のできることなどを全く考慮していない。毎年の受入れ数の制限はあるものの、アメリカ人になりたいと願う人であれば、能力を考慮せず抽選により受入れている。

これは「来るものは拒まず」というアメリカの伝統的な理想主義の表れだろう。そうした状況でも、正規の移民受入れが犯罪の増加につながるとは考えられていない。

外国人の増加が犯罪につながると、日本人が思い込んでいる理由のひとつに、警察庁によるキャンペーンの影響が挙げられる。警察庁は「平成二年警察白書」で「外国人労働者の急増と警察の対応」という特集を組み、以降の「警察白書」で、来日外国人犯罪の増加、凶悪化、地方への拡散、組織化などについてしばしば言及するようになった。平成二十年の「来日外国人犯罪の検挙状況」（警察庁）を見てみよう。第一章「来日外国人犯罪をめぐる昨今の情勢等」の書き出しである。

来日外国人犯罪の総検挙件数・人員は、警察、入国管理局等における各種取組みもあり、過去数年減少傾向にあるが、長期的推移で見ると、1万件・5000人以下に留まっていた平成2年以前を大きく超える水準が継続している。

「長期的な検挙状況の推移」として、来日外国人の検挙件数・人員の一九八四年から二〇〇八年までの五年間ごとの年間平均をグラフにしている。これを見ると確かに右肩上がりで増えている。

ちなみに、警察庁では「来日外国人」を「我が国に存在する外国人のうち、いわゆる定着居住者（永住者、永住者の配偶者及び特別永住者）、在日米軍関係者及び在留資格不明者を除いた外国人をいう」と定義している。わかりづらい表現だが、主として観光客のような短期滞在者を指すと考えてよいだろう。

一方、この期間の外国人の来日総数は、どのように変化しているのだろうか。一九八五年から二〇〇八年にかけて、二二六万人から九一五万人と約四倍に増えている。この数字を見る限り、外国人入国者数の伸び率は、外国人犯罪の上昇率を大幅に上回っている。入国者数の増加と正比例かそれ以上の割合で犯罪率が増加して初めて、外国人が増えると治安が悪化すると言えると思うが、このデータを見る限りそうはなっていない。しかしそれでも警察庁の資料では、「平成2年以前を大きく超える水準が継続している」と強調しているのだ。

日本政府は二〇〇八年に観光庁を立ち上げ、積極的に外国人観光客を誘致しようとしている。外国人観光客を歓迎する姿勢をとりながら、一方で、外国人の入国数の増加が犯罪の拡大につながると強調するのは、首尾一貫した態度とは言えない。

最近の傾向はどうだろうか。警察庁の努力が功を奏したのか、外国人の検挙件数は二〇〇五年をピークに減少傾向にある。一方、外国人の入国者数は二〇〇五年に比べて二〇〇八年では一七〇万人増えている。この数字を見ればもうお分かりだろう。

殺人や強盗といった凶悪犯罪ではどうだろうか。来日外国人犯罪の検挙概要では、やはり過去二十五年の推移をとりあげ、右肩上がりのグラフを提示している。

直近の5年間（平成16〜20年）の年間平均は、凶悪犯は、前々期（平成6〜10年）に比べ件数、人員ともに約4割増加しているが、前期（平成11〜15年）に比べ減少して鈍化の傾向にある。

しかしこの数字もまた来日した外国人の入国者数の増加の割合についてまったく言及していない。どうやら警察庁としては、外国人犯罪の増加を国民に印象づけることに力を入れ、「外国人増加＝犯罪の増加」という日本人の固定観念を意図的に増長しようとしている印象さえ受けてしまう。

そのことに執着するよりは、近年、警察が外国人の犯罪に対して、しっかり注視し、効果的な手を打ってきたこと、それが功を奏して良い結果を生んでいることを強調するべきではないだろうか。そして将来、さらなる外国人の増加によって発生する可能性のある犯罪について、警察として国民の安全をどう守るか、その決意と方針を説得力のある形で示すべきだろう。

同様に、マスコミが外国人による犯罪を大きく取り上げることも、日本人のイメージに大きな影響を与えている。外国人による凶悪犯罪はそれだけでも好奇な視線を集め、他の凶悪犯罪よりも大きく取り上げられることも多い。それだけ印象が強くなり、それによって「外国人は怖い」というイメージが作られ、ステレオタイプが形成される。

しかしこのことを逆の立場で考えてみてはどうか。二〇〇七年、千葉県市川市で英会話講師をしていたイギリス人女性が日本人男性に殺害された。この事件はイギリスでも大きく報道された。そのニュースに触れたイギリス人が、日本の治安についてどう思うだろうか。「日本は若い女性が旅行、滞在するのは危険」というイメージが広まってもおかしくないだろう。日本についての知識がないほど、そのようなイメージが固まってしまう。

日本で起こる外国人の犯罪についても同様である。日ごろ、外国人と接する機会のない日本人ほど、メディアの影響を受けやすい。見知らぬ外国人と接する場合、常識の範囲内で注意を働かせることは必要だろうが、外国人を過剰に警戒する必要はないだろう。また自身が海外に旅行するときも、現地の人たちから犯罪者かもしれないと見られることが愉快であるはずがない。

犯罪に走る理由

二〇〇九年十月十八日付の朝日新聞朝刊に「手を組む裏社会」と題した特集記事が一面トップに掲載された。記事は中国人による犯罪の増加に焦点が当てられ、暴力団と中国人の犯罪組織が、あるときは結びつき、またあるときは反発する様子が克明に述べられている。

登場する中国系マフィアは、すべて日本人の中国残留孤児の関係者だ。ある人物は祖母が残留孤児で、七歳のときに来日。小学校で上級生に理由もわからず暴行を受けた経験がある。いじめのことは、建物解体やビル清掃で疲れきって帰宅する両親に話せず、「いつかは仕返しをする」という思いが募った。

もう一人は母が残留孤児で、そのため中国の小学校ではいじめられた過去がある。来日し清掃会社で仕事を得たが、その後、貿易会社を作り違法行為も始めるようになった。三人目は暴走族「ドラゴン」の中堅幹部で定職のない二十五歳の中国人。彼は中国残留孤児の孫で、中国東北部から九歳のときに家族と来日した。ドラゴンは「怒羅権」と記される。日本の「権」力への「怒」りに、「修羅」の「羅」を組み合わせたという。

この記事は、中国人の犯罪が全外国人の検挙件数の四割を占め、二位のブラジル人の二・六倍に上ると指摘している。

それぞれの生い立ちを読むと、日本での過酷な経験が、彼らを現在のような状況に追い込んでいることは明らかだ。しかも彼らは残留孤児の子や孫であり、日本人の血を受け継いでいる。残酷な歴史に翻弄され、異国となった日本にやって来た彼らが、そこでどのような経験をしたのか、それを思うと重い気持になる。

しかしだからといって、そのことが免罪符になるわけではない。当然、中国系マフィアによる犯罪は、日本人の暴力団の犯罪同様、厳しく取り締まるべきだ。外国人、日本人を問わず、犯罪行為に対しては断固たる態度をとるべきである。しかし、彼らのような境遇の人間を、犯罪に追い込むほど突き放していた社会のことも忘れてはいけない。異質な文化や背景を持った人間をどのように受入れるかが問われてくる。

外国人を不安定化させる要素

以上見てきたように、現在でも日本は一定の枠内で外国人の受入れを行っている。しかしそれは、ビジョンのない、現状追随型の受入れである。なし崩し的に増える外国人に対して、彼らの定住を歓迎しているという国としてのメッセージはない。そのため、日本に一定期間住んでいる優秀な外国人も、日本に根を張る覚悟ができず、彼らの持つ潜在力が、日本の社会で十分に発揮されることがないままになっている。

外国人の受入れは、日本社会にとって合わせ鏡のようなものである。日本が彼らに対して、積極的に歓迎する姿勢を示し、そのためのサービスを充実させれば、彼らは日本社会に、彼らの持つ能力を最大限に活かして貢献をしてくれるだろう。しかし日本が逆の対応をとれば、移民問題で苦しむ欧州の一部の国のような状況に陥るだろう。

さらにこのままでは、日本社会との不要な摩擦も生み出しかねない。外国人の増加による異文化との接触が悪循環に陥れば、相互不信を拡大させる。双方の心の中に、ネガティブな先入観ばかりが増幅されて、互いに相手を敵視する関係にもなりかねない。その結果、排他的なナショナリズムをいたずらに高揚させることになるだろう。盲目的な排外主義の先にあるものは日本の暗転しかない。

外国人の受入れの成否は、今後の日本の対応に大きく掛かっている。異文化交流が成功し、好循環が生じれば、蒙《もう》を啓《ひら》かれたような新たな発見や感動、喜びを得ることができ、新たな成長の原動力が生まれる。まさに国際交流はそれを意図して行われてきた。

外国人との交流の機会は、異文化を学ぶだけではなく、日本の素晴らしさを再評価する場ともなる。そこから、健全な愛国心が自然と育成されるだろう。そうした前向きで開かれた心と態度こそが、日本の閉塞感を打破するカギとなる。

次章では、外国人受入れに成功した場合、日本にどのような未来が訪れるか、シミュレーションしてみよう。

第五章　二〇三五年　開国編

第一章で、日本が移民受入れについて現状を変えない場合、どのような将来が訪れるかをシミュレーションした。本章では、正反対に日本が移民を積極的に受入れる方向に政策を変更、「開国」に舵を切ったと想定。開国した日本の二〇三五年はどのようなものか、開国を決定してから二〇三五年までに何が起きたか、その変化を追ってみよう。

A市の決断

私は東北州のA市役所に勤めている。就職したのは二〇一〇年なので、今年で勤続二十五年になる。勤め始めた頃は、日本の経済力の低下と将来に対する不安が徐々に高まりつつあった。少子高齢化によって、近い将来、日本の活力は衰え、衰退の道をたどるのではないか――。そんな思いが、人々の心に暗い影を落とし始めていた。

二〇一一年に起こった東日本大震災は、東北の太平洋沿岸地域に大きな被害をもたらした。復興に巨額の資金が投じられた結果、建設業などは息を吹き返したが、震災前から進行していた過疎化や高齢化などによって完全な復興は阻まれ、人々にあきらめのムードが漂い始めていた。

そのような暗い雰囲気を変えるきっかけになったのが、二〇一五年に当時の山形県（現在［二〇三五年］は道州制を採用）が発表した、「移民受入れ宣言」だった。当時、「なぜ山形県が移民受入れを？」と、多くの人間がその決定や見込まれる成果について半信半疑だった。

話の発端は一九八〇年代にまで遡る。当時、山形県の最上地方では、農村への外国人花嫁の斡旋《あっせん》を自治体が行うという異色の「国際交流」が行われていた。

農家の跡取りとなる長男に嫁が来ないというのは、過疎の進んだ最上地方共通の悩みだった。このままでは近い将来、地域が崩壊しかねないという危機感が行政を動かし、町長が先頭に立って、フィリピンへのお見合いツアー実施を決めた。同様の悩みを抱える他の町村にも飛び火し、最上地方は「外国人花嫁」のモデル地域となった。

ところが、しばらくしてその活動が全国で報道されるようになると、国際結婚を行政が斡旋するとは何事かという批判が高まり、ついに活動は中断された。しかし、フィリピンや韓国、中国などからの多くの外国人花嫁が山形県に住みつくことになった。

彼女たちは、一部の人々の偏見にも負けず、持ち前の明るさで、過疎化で活力のなくなった地域を支える役割を果たしてきた。中には、キムチの製造・販売で起業して成功を収め、東京の高級スーパー・チェーンに商品を置くまでになった、韓国出身の女性もあらわれた。

外国人花嫁斡旋の中止から約三十年経った二〇一〇年、東北地方の農村のほぼ全域で過疎化は進行し悪化する一方で、農村地域の高齢化率（六十五歳以上）が五十％を超えるところも出てきた。

私の勤めるA市も、やがて市の機能が停止するのではと、不安を募らせていた。最上地方にあるA市は、市町村合併により広大な面積を持ち、多くの農山村を抱えていた。当時、四十代だった市長も同様の危機感を覚えていた。

市長は一時、東京の企業で働いていたことがある。地元にUターンして市長になったわけだが、A市の衰退ぶりを強く懸念していた。口癖は「A市に自分が子どもの頃の活気を取り戻す」だった。

市長は、地元青年と都市に住む女性との集団お見合い事業に着手したが、結果は空振りに終わり、一向に成果は上がらなかった。追い詰められた市長の頭を過《よぎ》ったのは、三十年前に従兄弟と結婚したフィリピン女性の存在だった。当初、市長を含め親族は、彼らの結婚に猛反対したが、結婚後、市長の彼女に対する印象は百八十度変わることとなる。当初は慣れない生活に苦労していたフィリピン出身の妻は、特有の明るさとユーモアで、市長ら親族と良好な関係を築き、五人の子宝に恵まれた。

市長は、フィリピンからの人材受入れを思いつく。すでに地域に根づいていたフィリピン出身の女性たちに相談をもちかけ、まずは母国と強いつながりを持っていた彼女たちの家族や友人を日本に呼び寄せる計画を進めることにした。

フィリピン人の来日

計画の前提となったのは、政府の構造改革特区制度の活用である。構造改革特区とは、法規制のために実現不可能な事業を、地域を定めて特別に許可するというものだ。入所したばかりの私にその仕事が回ってきた。

いよいよA市が「フィリピン人招聘《しょうへい》特区」を政府に申請する日がやってきた。

Ａ市の提案を受けた政府は困惑した。入管法に特例を設けることが適切かどうか、審議は紛糾してまとまらなかったが、これまでの実績を強く訴える市長の声を受け、Ａ市はようやく認可を得た。

計画では、来日するフィリピン人には定住を前提として、少なくとも三年間、Ａ市に滞在することを条件にした。Ａ市は、定住予定者の日本への旅費の半分を支給し、残りの半分は自費か、市が設置したローンを使うことを前提としていた。滞在場所は、市内に散在する空き家を市が借りあげ、彼らに三年の間、無償で貸し出すことにした。

来日した彼らには、自立のため職に就いてもらう必要がある。どのような仕事に就くのか、事前に市内の農林業や軽工業従事者と相談して、職のマッチング作業が進められた。当初、Ａ市の経費負担が大きいと市議会では議論が紛糾したが、市長も譲らず、認可の見通しがつくところまでこぎつけた。

同時にわれわれは、招聘するフィリピン人全員を対象に、日本語教室を行うための準備に着手した。外国人花嫁グループや日本人の支援団体、国際交流を行う民間グループ、日本語教師ボランティアのメンバーを集め、スムーズな受入れが可能かについて、協議を重ねた。

Ａ市の計画を聞きつけたマスコミや行政関係者などが、実施前にこぞってＡ市を取材、視察を始め、Ａ市は一躍全国から注目され、異様な熱気に包まれた。

各町内会では受入れのための準備会合が実施され、学校でも教員とＰＴＡが参加した話し合いが続けられた。こうした会合に必ず顔を出し、自らの経験をもとにアドバイスをしたのが、数十年前に来日したフィリピン出身の女性たちである。彼女たちは、今度は自分たちが受入れに回る番だと張り切った。

フィリピンからやって来る十八歳未満の青少年に対しては、日本語教育に加えて、日本の学校での授業を補う必要がある。そのための教育サポート・ボランティア制度が作られた。また二十歳未満の青年で高校を卒業していない者には、地元高校への入学を認め、少なくとも高卒の資格がとれるような体制作りが行われた。

計画を開始して二年余りが経った二〇一二年春、いよいよその日を迎えた。来日したのは五十人のフィリピン人。二十代を中心に幼児から四十代まで、ほぼ男女半々という面々だ。Ａ市に住むフィリピン出身女性の親族や知人らが中心だが、それ以外にも来日を熱望した若者数名も含まれていた。彼らは、フィリピンの大学で日本語を専攻したが、職がなく、われわれに直接連絡をとってきた熱意のある青年たちだった。

歓迎式には全国のメディアが殺到した。報道のトーンは、英断というもの半分、無謀というもの半分だった。

来日してすぐに彼らの一部は、貸与された休耕田で地元の農業ボランティアと作業を開始した。彼らは、母国で農業に従事していた人たちが多く、半年を経過したころには、収穫した農作物を市場に出荷できるまでになった。

彼らの生活は概ね順調なものだった。厳しい東北の寒さと山形弁に慣れるのは一苦労だったようだが、地元の老人たちの思いやりもあって、そこでの暮らしに馴染んでいった。

半年が経ち、メディアの報道も次第に好意的なものが多くなる。A市には、同様の過疎に悩む全国の市町村から毎日のように視察団が訪れるようになった。

彼らフィリピン人を受入れるにあたって、大幅に対応が遅れたものがある。それは教会の設置である。フィリピン人の多くが敬虔なクリスチャンで、当然、日曜日には教会に行く習慣がある。A市に教会はなく、隣町のB市にある教会までは車で二時間近い。当初は毎週日曜日にバスの手配をするなど対策を講じたが、地元の協力も得て、ようやく一年後に小さな教会施設を完成させた。

その頃にはA市は、フィリピン人からの移民受入れに成功した町として、その名が全国的に知れ渡った。この受入れ事業は、町ぐるみのサポートがなければ成功しなかった。根強い反対を続けていた一部住民も、地域に明るさが取り戻される様子をみて、次第に考えを変えるようになった。

岡山県の難民受入れ

A市で招聘計画が持ち上がった二〇一〇年、岡山県でも同様の動きが始まっていた。それは難民受入れの試みである。日本は、難民受入れ数が他の先進国に比べて極端に少なく、海外から非難されていた。政府はようやく重い腰を上げ、数十名のミャンマー難民を受入れる手続きをとっていた。

政府から打診された岡山県では、その是非をめぐって賛否両論が巻き起こった。最終的に知事が受入れを決断し、数十名のミャンマー人が県内の農村地帯で暮らすことになった。

なぜ政府は他でもなく岡山県に受入れを打診したのだろうか。

その理由として、岡山県にはアジアで医療協力を行う著名なＮＧＯがあるなど、市民レベルで活発な国際協力活動が行われていたことが挙げられる。さらに県としては異例の「国際貢献条例（岡山県国際貢献活動の推進に関する条例）」を二〇〇四年に制定していた。難民の受入れは、重要な国際貢献である。

岡山県は、難民受入れの条件として、農業に従事した経験があること、日本語を習得する意志があること、地元に溶け込み農業に従事する意欲を持つことを挙げた。さらに、県内のＮＧＯに協力を依頼。彼らが難民と地元農民たちとの間の仲介役として、日本語教育、住宅の確保、農業指導、生活支援などの対応に当たることになった。

この試みも概ね成功した。来日した彼らは意欲的に農業に取り組み、廃校になりかけていた地元の学校では、大勢の子どもたちの声が久しぶりに響いた。予想されていたように日本語の学習には時間がかかったが、こと子どもたちに関しては比較的早く日本の学校に溶け込んだ。

当初は「国際貢献を果たす」ことが目的だったが、地元に移住した難民たちによって、地域は久々に活気を取り戻すこととなった。

山形県の移民受入れ宣言

山形県庁ではA市の成功を受けて、農業地域への外国人受入れについて、本格的な調査と研究を行った。また、外国人の受入れを積極的に行いたいと考える市町村に対して、そのノウハウの提供と支援を行う決意を固める。のみならず、希望する自治体に対しては、県として受入れの仲介と支援活動を行うことを二〇一五年に発表した。

これが後の日本の命運を分けた、「山形県移民受入れ宣言」である。

A市での受入れから四年後に行われたこの発表では、ニーズの高い山間過疎地域を中心に受入れること、移り住む外国人に対して日本語教育、営農支援を無償で行うこと、無償で農地の貸与や住宅の斡旋を行うこと、子どもたちには日本人の子どもと同程度の高校、大学進学率を目指して教育支援を行うことといった内容が記されている。

意外にも真っ先に反応したのは国内に住む外国人だった。応募窓口には希望者が殺到し、当初予定していた三百人の枠は一ヶ月ほどで埋まった。驚いたことに、日本人の若者にも希望するものが現れた。それを受けて県は急遽日本人の枠も作り、結果、全国から約五十人の若者が集まり、外国人とともに農村に住みつくことになった。

県は、彼らの移住費用を、政府から支給されていた過疎地対策の支援金を工面して賄った。限られた財源だったが、それを補ったのは多くのボランティアだった。A市の成功例を参考にして、方言を含む日本語教室の開催、地元の伝統文化の紹介など、彼らに地域に根付いてもらおうと、地元民も必死に対応した。

コミュニケーション不足からくるトラブルは当然のことながらあったものの、概してこの試みはうまく機能した。数年が経過すると、移民者の中には、シャッター通りとなっていた商店街の店を借りて、小規模なレストランや雑貨屋を経営する人たちも現れ始めた。農村地域ばかりでなく、市街地にも外国人増加による経済効果が生まれたのである。

予想外の効果もあった。外国人住民の参加を得て、廃れかかっていた地域伝統のお祭りが復活したのだ。当初は、外国人が地域の伝統文化の担い手になることまでは期待していなかった。しかし好奇心の旺盛な彼らは、日本の祭りに興味を持ち、積極的に参加したいと申し出た。また、移民者の母国のお祭りが行われる地域も現れ始め、今ではユニークな観光資源としても注目されている。

山形県の成功を受けて、全国的に移民受入れの機運が波及していった。

二〇一七年には静岡県が「移民受入れ」を宣言。農村のみならず、「中小製造企業」

と「介護福祉」を含めた受入れだった。県は、入居者がいなくなったアパートを借り上げたり、閉鎖した会社の寮を改修したりすることによって、移民者の住居を確保した。

さらに、かねてよりアジアと緊密な関係を築いていた九州の各県も、静岡県とほぼ同時期に一斉に移民受入れ宣言を行った。

こうした自治体の動きに背中を押されるようにして、二〇一八年には、政府内でも移民受入れについて本格的に検討され始めた。

政府の劇的な方針転換

山形県の「移民受入れ宣言」以降、政府は、国として正式に移民を受入れるかどうか、その態度を保留し続けていた。二〇二〇年も間近に迫るころになると人口減少、高齢化の影響は甚大なものとなり、各自治体の成功の影響もあり、国民からも移民受入れについて積極的な声が挙がり始めた。

根強い慎重論や反対意見もあったが、ついに政府は移民受入れを行う方針を超党派で固め、移民法を制定。二〇二〇年のことである。

政府は、自治体レベルの成功経験を活かして、各県の要請をもとに移民受入れの計画を定めた。それをもとに、農漁村や山間地域、また中小企業や地場産業、介護現場からの受入れ希望が都道府県ごとにまとめられた。アジアからの観光客を当て込んだ旅館やホテルといったサービス業からのニーズもあった。

従来の研修生や技能実習生と違い、日本への定住を前提として移民を受入れるには、彼らに対する徹底した日本語教育と生活支援が必要となる。各県はその対策を十分にとることが求められ、それが認められた上で、移民の割り当てが行われた。

職場と住居がセットで決められたことで、スムーズな受入れが可能になった。もちろん自立が可能になれば、自由に職業も住む土地も決めることができる。

一方、いわゆる高度人材と呼ばれるＩＴ専門家や経営者についても、日本での滞在条件の大幅な緩和が行われた。日本への留学についても、長期の滞在を認める措置がとられた。留学生は卒業後、日本の企業に就職して一定の経験を積んだ後、起業を目指す者も多かった。彼らの起業を後押しするため、アドバイザリー制度も導入され、地元の金融機関も積極的な支援を始め、事業の成功率が格段と高まった。

それまで移民受入れに消極的で、保守的かつ排他的な傾向があると考えられていた日本が、予想に反して積極的な外国人受入れに舵を切ったことは、世界を驚かせ、期待と好感をもって受入れられた。「日本開国」という力強いメッセージが、世界に伝えられたことで、低迷が続いていた日本の証券市場は、上昇する兆しを見せた。

　また一時は下火になりかけていた、日本への留学生もその数が急増した。卒業後も日本に残った彼らは、今や日本の産業の一翼を担う存在だ。彼らに負けじと日本人の競争心にも火がつき、相乗効果が生まれ、日本人と外国人の若者が協力して起業することも当たり前のように行われ始めた。

　こうした移民の増加は、日本の伝統文化にも良い影響を与え始めた。外国人の中には伝統工芸の世界に飛び込み、根気のいる作業に精を出すものも現れた。彼らが熱心に日本語を学び、日本文化に興味を惹かれるのを見て、日本の若者も日本文化についての関心を広げていった。外国人を経由して、日本の伝統文化も再び息を吹き返し始めたのだ。

相乗効果と好循環

　外国人の増加はさまざまな影響を地域社会にもたらした。農村では移民二世も生まれるようになり、多くの地域が消滅の危機を脱することができた。

　移民受入れを先導する形となったA市では、その後、フィリピン人以外の外国人住民も増加し、多様な分野に進出を始めた。外国人受入れの先駆者としての評判が、国内の外国人をA市に引き寄せたのだ。

さらに特筆すべきこととして、移民者を通じて、彼らの母国の農村とも交流が開始されたことがある。A市ではすべての小・中・高校が海外の学校と姉妹校の締結を行い、お互いの文化を学びあう授業が実施されている。

活発に世界との交流を行うA市に、日本の若者も惹きつけられ住みつくようになった。皮肉なことに今では外国人花嫁が必要ないほど、同市の婚姻数が上昇した。

移民たちの教育熱が、日本人と同じかそれ以上だったのは意外な事実だった。日本への移住を希望した外国人の多くは、日本の高い教育水準に期待していた。

当初移民たちは、3Kと呼ばれる職に就く人間も多かったが、その子どもたちの多くは質の高い教育を受け、多様な分野で日本の経済を支えることが期待されている。また後継者のいない事業主にその働きぶりを見込まれて、中小企業の後継者となる例も増え始めた。

二〇三五年現在、難民の受入れも本格化した。かつて日本に来た難民は、社会の底辺に固定化される傾向があったが、日本語教育の徹底と、高校までの教育の保障などの受入れ態勢によって、彼らにも活躍の場が広がり、貿易会社やNGOのリーダーとして活躍する人材も生まれている。

移民の増加や定住化が進むことによって、日本が本来持っていたポテンシャルも世界に注目されることになった。安全で暮らしやすい社会、洗練された日本文化などといった魅力が、彼らを日本に引き付け、移民受入れ反対派が危惧したように、移民が増えることでそれらがすぐに破壊されることはなかった。さらに彼らの受入れに携わる人々の暖かい態度も、日本の評価を高める理由となった。

また、多くの地域が移民受入れを経験することで、障碍者や高齢者といった社会的弱者に対する意識の変化が起こり、ボランティア活動が広がり活発になった。政府もNPOやNGOに対する寄付を促進する政策をさらに進め、民間企業のCSR活動（社会貢献活動）も活発になった。多様性を受入れる社会になったことで、外国人だけではなく、身障者や高齢者も社会で働く機会が増え、多様性を活力に結び付けていく仕組みが完成しつつある。

しかし外国人の受入れによって、プラスのものばかりがもたされたわけではない。当然のことながら、多くの問題が生じた。

日本人と移民の交流のほとんどが、驚くほどスムーズにいっていたが、すべてがそうだったわけではない。そのことを象徴する事件が、二〇二一年八月に起きた。B県で起きた大乱闘である。ある夏の夜の海岸で、移民青年と日本人の若者二十人が大乱闘となり、十数名の重軽傷者が発生した。

事件が起こったB県では、地場産業が衰退し、他県よりも高い失業率を抱えていた。とりわけ若年層の失業率は高く、移民と日本人双方の若者の鬱積した不満が事件の根底にあった。またB県では、移民が学校からドロップアウトする割合が他県より高く、事件を起こした移民青年のように、学校にも行かず、職も見つけられないまま町を徘徊するティーンエージャーが多くいた。

事件の影響は移民社会に大きな衝撃を与えた。「次は私たちが狙われるのではないか」という不安が連鎖していったが、幸いにして欧米で起こったような「ヘイトクライム（人種等の偏見による犯罪）」や移民による暴動のような事態は起こらなかった。

移民受入れに際して危惧されていた犯罪率の上昇は、受入れ態勢が整えられたこともあり今のところ低いレベルで抑えられている。また、生活保護世帯の増加も同様に危惧されていたが、移民世代が若いこともあり、日本人世帯より少ない率で推移をしている。

異文化に寛容な日本へ

二〇三五年の今、日本は世界に例を見ない超高齢社会となった。しかし移民の受入れもあり、二〇二五年を境に人口減少に歯止めがかかる傾向が見え、出生率も大きく改善した。依然、高齢化が大きな問題であることには変わりないが、増え始めた子どもの姿が農村に明るさをもたらしている。

消えかけていた棚田や放棄されていた農地も新たな開墾の手が入り、最悪の状態を脱した。若い働き手が農業に増えたことで、手間のかかる有機栽培も広がりを見せ、付加価値の高い産業へと農業も脱皮しつつある。

外国人の増加とともに様々なサービス産業も起こった。彼らが母国から持ち込んだ文化と日本の文化が融合し、新しいハイブリッドな文化が生まれた。それは地域経済に貢献し、世界から観光客を日本に呼び込む原動力となった。移民受入れによって生まれた「多文化パワー」が日本の魅力の再評価につながっていった。

外国人を受入れることについて、慎重だった、または抵抗を示し続けた人も、人口減少と高齢化という深刻な問題を認識するにつれて、次第に、いかに外国人の活力を活かすべきかと考えが変わっていったようだ。もちろん、いまだに根強い反対論は残っていて、今後不況や社会不安が高まると、移民受入れ反対の議論が蒸し返される可能性もある。

二十一世紀に入って「東アジア共同体」という構想が提案された。二〇三五年の現在、二十五年前と比べて格段の経済発展を遂げた中国や韓国、東南アジアの国々と日本との間で、ＥＵをお手本とした共同体作りに向けて実質的な議論が進んでいる。その進展に大きく寄与したのが、日本が積極的な移民受入れ政策へと方向転換したことであることは間違いない。

日本はアジアの東端にある島国である。大陸から優れた文化や制度を上手に取り入れ、独自の文化を形作ってきた。古くから異質なものを受入れる寛容さを持ち、それを洗練させていくことに長けている。そうした文化を、移民受入れについても活かすことができれば、さらに発展していくことは間違いない。

第六章　移民受入れで変わる日本

現実の成功例

前章を読んでどのような感想を持たれただろうか。あまりにも楽天的な夢物語だと思った人がいたかもしれない。移民受入れが日本再生のきっかけになるとは信じられないという人もいるかもしれない。

二〇三五年という近未来のシミュレーションはあくまでフィクションだが、二〇一〇年までの記述はすべて事実にもとづいたものである。

実際、山形県の最上地方では、一九八五年の朝日町を皮切りに、大蔵村、真室川町、鮭川村、戸沢村と、行政主導による国際結婚の斡旋が実施された。行政の関与はその後ストップしたが、花嫁不足は変わらず、その結果、民間業者によって国際結婚の斡旋が行われることになった。

国際結婚をした中には、地元の人たちの支援に支えられて、幸せな家庭を築いたカップルも多い。そうして生まれた子どもの中にはスポーツで県の代表になり、地域の誇りになっている青年もいる。

キムチ製造で起業を果たしたという女性も実際の話である。「うめちゃんキムチ本舗」を起業した阿部梅子さんは、韓国から朝日村に嫁いだ花嫁である。梅子さんは結婚後、村のミシン工場に勤務した。自宅で作ったキムチを弁当に詰めて職場に持っていったのだが、それが工場内で評判となり、起業するきっかけとなった。

しかし商売が軌道に乗るまでは大変な道のりであった。彼女は毎日、キムチを背負って市内を行商して歩いた。それでも最初は思うようには売れなかったという。成功の陰には、真剣な彼女を応援する地域の人々の力添えがあった。

やがて山形の新鮮な野菜と本場の食材を使った彼女のキムチは評判を呼び、「うめちゃんキムチ本舗」は十人ほどの人を雇うまでになった。東京の高級スーパー・チェーンである「成城石井」にも納品、二〇〇八年には念願だった東京での焼肉店開業にまでこぎつけた。

梅子さんは、地元の外国人花嫁にとって、自分が大きな目標であることを十分に自覚しており、また彼女らの面倒をよくみている。自分自身の成功が、地元の人たちの協力で可能になったものであり、恩返しをしたいと考えている。

A市における地域ぐるみの外国人受入れは、戸沢村の事例を参照した。戸沢村では「外国籍の村民も立派な村民である」という基本姿勢を示して、日本語教室の開催や相談窓口を設けて医療や法律などの相談が行われた。その結果、国際結婚の是非という議論から早々に脱却して、行政、ボランティア、NPOの協働によるケアやサービスといった実践的な試みが生まれた。

岡山県についての記述も事実にもとづいたものである。岡山県は二〇〇四年に国際貢献条例を制定、それには県下のNGO組織に、医療関係の国際NGOとして名高い、「AMDA（特定非営利活動法人アムダ）」があることが大きく影響している。

また岡山県の中央に位置する加茂川町（現在の吉備中央町）は、人口六千人あまりの地域だが、一九九四年、全国に先駆けて国際貢献を盛り込んだ「加茂川町国際化の推進に関する条例」を制定した。ジブチやソマリアなどでのNGO活動を支援し、中国の内モンゴルにも緑化のために町の職員を派遣した。筆者が旧加茂川町を訪問した際、案内してくれた町の職員は、地元には弱者を支援する伝統があると誇らしげに話してくれた。

途上国からの研修生も積極的に受入れ、それが地元にとって良い刺激になっているようだった。

前章で、二〇一〇年にミャンマーからの難民を受入れたとしているが、これも実際の話だ。日本政府は、ミャンマーのカレン族の難民五家族二十七名を受入れた。カレン族は、軍事政権相手に激しい独立闘争を行い、弾圧を避けるため約十万人がタイに避難、難民化していた。この事業が、日本で本格的な難民受入れの試金石になると、関係者の関心を集めていた。

新宿区で日本語などの半年間の研修を受けていた彼らは、千葉県と三重県に分かれて、馴染みのある農業に従事することになった。

移民の効用

ここからは、日本の閉塞状況を突破するカギが、外国人受入れにあると言い切れるのかどうか、あらためて「移民受入れの効用」について検証していきたい。

まずは雇用の問題である。確かに日本人の人口減少は大きな課題であり、将来的には人手不足が懸念される一方で、現在の特に若年層の雇用状況は厳しいものとなっている。

雇用の非正規化が進行し、収入は低く抑えられ、不況下においては正規雇用化が遅々として進まないのが現状だ。当然、こうした状況で外国人を受入れれば、日本人の失業率がますます増えるばかりではないか、という疑問も生じるだろう。

これについては、短期・長期双方の視点から、その効用を考えるべきだろう。まず移民を労働者として受入れることを考えた場合、人材不足に悩む分野への受入れを念頭におかなければいけない。具体的には、農業や中小工場、介護や医療の現場である。

日本には世界に誇るものづくりの技術があるが、それらを支える中小工場では、後継者不足が大きな課題となっている。進んで油にまみれて工場勤めをしようという若者は減り、意欲のある後継者も慢性的に不足している。

農業も同様である。農業者の高齢化は深刻で、平均年齢は六十五歳を超えている。肉体的な負担が大きい仕事で、現状のような高齢化のままで生産性を上げるには限界がある。農業の振興を考えるのであれば、年齢層を引き下げなければ生産性の向上にはつながらない。

このように若年層の失業率が高まっている一方で、人手不足に悩み、将来の存続が危ぶまれている業種もある。このような分野に、外国人を働き手として受入れることをまず考えなければいけない。同時に、彼らを労働者として「使い捨てる」のではなく、定住・永住を可能にするための仕組みもつくられなければいけない。

中長期で考えた場合、日本に留学してきた外国人の卒業後の進路がポイントとなろう。留学生が卒業後に日本企業で働くことは、日本企業の国際性の向上につながる。また、異質なバックボーンをもった人材が入社することで、新たな刺激が生まれ、経営のあり方や情報収集の面で今までになかった可能性が生まれるかもしれない。

一般に外国人留学生は日本人より起業意欲が高いと言われている。彼らが起業しやすい仕組みをつくり、そのビジネスが成功を収めれば、日本社会に新しい風を吹き込むのは間違いない。

外国人が増えれば新しい仕事も生まれる。ブラジル移民の多い浜松市や群馬県の大泉町では、すでに彼らを対象とした、エスニック・レストランやスーパー、ビデオ店、旅行会社、銀行など、さまざまなサービス業が新たに生まれた。これらが地域の産業として育っていく可能性がある。

二十一世紀型とも言える、新しい産業の創出も期待できる。例えば、フェア・トレードや国境をつなぐ社会ビジネスである。フェア・トレードとは、もともとヨーロッパで始まった社会運動で、立場の弱い途上国の人々の作る製品を安く買い叩くなど搾取するのではなく、適正な価格で購入することで、彼らの生活を支えようという運動である。商品の購入を通じて途上国の貧しい人々に安定した職を提供することを目的としていて、日本でも急速に関心が広っている。

日本に住む途上国出身者が、自国支援のために国際協力NGOを立ち上げたり、日本人が運営するNGOに参加したりする例も多い。そうしたNGOでは、現地の環境問題への寄与や、日本で学んだ技術や経験を生かした就業支援など、さまざまな活動が行われている。

例を挙げよう。フィリピンで孤児院やストリート・チルドレンの支援を行う東京都武蔵野市のNGO「アクション」は、フィリピンの貧困家庭の女性に対する就業活動として、町に捨てられたお菓子の空き袋を、短冊状にカットし、格子状に縫い合わせてポーチに再生する事業を始めた。百貨店の銀座プランタンでの販売も行われ、新たな経済活動として注目を集めている。この「アクション」は日本人の青年が始めた活動だが、今後、在日フィリピン人が日本とフィリピンの橋渡し役となり、両国間の交流事業を実施するなど、多様な分野で台頭することも大いにあり得るだろう。

受入れのコスト

次に移民を受入れた場合のコストについて考えてみたい。

労働者として移民を受入れる際に重要なことは、彼らが日本国内で就業し、いずれ生活費を自ら稼げる人材であるかどうかである。その前提として日本政府の補助が必要だが、いつまでも補助金頼りでは、コストばかりがかかることになり、移民受入れのメリットはなくなってしまう。

農業者として日本にやって来た移民を例として考えてみよう。

農業で生活費を稼ぐためには、まずは農地や農機具などを確保することが大前提となる。当然のことながら、移民は土地も家も所有していない。そのため政府は、彼らに対して当面、無償で家や土地を貸与し、農業に専念できる体制を作らなければいけない。

農村には現在耕作放棄地が多く、政府もその対策に頭を痛めているほどなので、それを貸与することは現実的にはさほど難しいことではないだろう。また住居についても同様で、空き家になっている住居や公営住宅を利用すればよい。

仮に移民夫婦二人世帯で住居と耕作地、農業関連の資材の利用費として、月に十万円を行政が生活補助として負担したとしよう。ただし負担は二年間まで、三年目は彼らが実費の半分を支払い、四年目には全額を自己負担するという前提で考える。

一万人（五千世帯）を受入れたとすると、十万円×五千世帯×十二ヶ月で、年間六十億円の支出となる。年間一万人という数は、日本の人口減少を補うには少な過ぎるが、初期の受入れ規模としては少なくない。

これ以外にかかる経費として、日本語教育費や各種の相談業務がある。さらに子どものいる世帯だと教育費を無償で提供しなければいけない。さらに関連のＮＰＯ、自治体、政府職員の人件費などが必要になる。

それらを合計して、一万人を受入れる年間費用を仮に二百億円としよう。そこから逆算すると、初年度の経費は外国人一人当たり二百万円となる。三年目でこの補助費用が半額、四年目から全額負担となるが、実際にその期間での自立が可能だろうか。農業に従事すると同時に、地元の農産加工場などで働き、兼業農家となることで、その道は拓けるだろう。自立し所得が生まれ、いくらかの税金を納めるようになれば、初期の投資を少しずつ回収できることになる。

移民の経済効果

さらに、彼らが消費者として地域でお金を使う分だけ、地域経済に貢献することになる。

そのことを試算したデータがある。日系ブラジル人がどの程度日本経済に貢献しているか、その消費額を計算したものである。岐阜県の共立総合研究所は、東海三県に住む十一万人の日系ブラジル人（二〇〇五年末時点）の経済波及効果について、総収入から母国への送金や貯金などの支出を差し引いた上での直接的な効果だけで、一四二八億円と想定している。

慶応大学の後藤純一教授は、移民の増加が日本にどの程度の経済効果をもたらすかについて、本格的なシミュレーション分析を行った。その結果、百万人の移民を受入れた場合、直接的な経済効果だけで八兆円に上ると試算している。その効果は、受入れ人数が多いほど、増大すると指摘している。

彼ら移民による直接消費以上に、移民の増加によって日本人の支出行動に大きな変化がもたらされることが考えられる。例えば、移民の増加に触発されて、外国語教育や海外旅行が拡大していくかもしれない。また異文化や移民に関するメディアや文化産業など、さまざまな新しい経済活動が生まれるかもしれない。外国人の流入によって、このような新たな刺激が日本社会にもたらされ、日本人自身によるそうしたサービスへの利用が進めば、移民自身の消費との相乗効果が期待できる。

移民による人口の増加が、国内の消費を引き上げるのは間違いない。日本の経済が人口減少によって縮小していくことを考えると、移民による消費及び彼らの流入に伴う新たな分野の消費拡大は、大きな可能性を秘めている。

米国では、移民は子どもの教育に熱心であり、学校の成績も良いというデータがある。移民二世のオバマ大統領が良い例であろう。一般に所得と学歴は正比例する。移民による経済効果を期待するならば、彼らに十分な教育の機会を与えなければいけない。それが彼らの所得向上だけでなく、社会的な安定化を招き、最終的に日本の利益につながる。

新華僑と台風娘——移民たちのバイタリティ

日本での生活を夢見て日本で暮らそうとする外国人には、飛びぬけて旺盛なバイタリティを持った人が少なくない。ここでは、日本に移民としてやって来て、その類い稀なバイタリティでもって成功を収め、さらに日本社会に活力を与える存在となっている人々の実例を紹介したい。

一九九八年、日本に就学生（日本語学校の学生）としてやってきた中国大連出身の綾川陽子さんは、池袋駅近くの中華料理店のオーナーだ。

綾川さんは、日本での学費や生活費をさまざまなアルバイトをすることで稼いだ。日本語学校に通いながら、早朝のビル清掃、昼のハンバーガー・ショップ、深夜のビル清掃と寝る間を惜しんで働き、猛勉強した。そして日本の大学院を卒業し、日本企業に就職。しかし二〇〇七年、友人から借金をするなど数千万円の資金を用意して、池袋にカラオケ店、そして中華料理店も開いた。事業は成功し、友人への借金は一年で返した。「中国にいたなら生活は安定だが、会社の課長か部長止まりだった」と述べる綾川さんは、企業家としての信用をつけるため日本に帰化する決断をした。池袋は「私の命です」という彼女の言葉を紹介しつつ、活躍を紹介する記事は、「新華人たちの起業エネルギーはすさまじく旺盛だ」と結んでいる（「朝日新聞」二〇〇九年九月二十二日朝刊）。

長野県小布施の町起こしのリーダーとして、全国的に注目を集めているアメリカ人女性がいる。セーラ・マリ・カミングス、通称「台風娘」。

セーラは、一九六八年アメリカで生まれ、一九九一年に交換留学生として、大阪の関西外国語大学に留学。アメリカに戻り大学を卒業するも、日本での生活を希望し再来日。長野市で生活を始めた。一九九四年、長野市近郊の小布施にある和菓子の小布施堂に就職。そこから小布施を舞台に、彼女の八面六臂の活躍が始まった。

経営企画室に配属されたセーラは、文化事業の開拓を任された。彼女を採用した小布施堂・枡一市村酒造場の社長である市村次夫氏は、「地域も企業も、常に異分子が存在しないと停滞してしまうと思うんです」と、セーラを受入れることで、会社も町も活性化するのではと期待した。

彼女は持ち前の積極性で、様々な提案をし実現させた。小布施ゆかりの絵師・葛飾北斎についての学術会議「第三回国際北斎会議」の開催、桝一市村酒造場の酒蔵の一部を改築して、レストラン「蔵部」をオープン。さらに、毎月一回、各界で活躍するゲストを招く「小布施ッション」、餅つき大会の「餅ベーション」、ハーフマラソンの「小布施見にマラソン」などといった活動が全国的に注目され、二〇〇一年にセーラは、日経ウーマン誌が選ぶ「ウーマン・オブ・ザ・イヤー2002」大賞を受賞した。

彼女の並外れたパワーはどこからくるのだろうか。個人の資質によるものもあるだろうが、彼女が外国人であるからこそ成し遂げることができたのではないか。それは彼女自身も認めている。「私はよそ者。日本人じゃないし、根を下ろしきっているわけでもない。決まった『立場』がないことは実は強いことで、だからこそいろいろなことができたのだと思う。『よそ者であること』を障壁と思わなければ、むしろ強みになるんです」（「フュージョン」２００４年夏号）

多文化パワー

彼女たちに代表されるように、地域社会に大きな影響を与えている外国人たちの精力的な活動を称して、「多文化パワー」と筆者は呼んでいる。これは全国の外国人受入れの現場で活躍するＮＰＯの代表者を集めて行ったプロジェクト「社会に活力を与える多文化社会構築プロジェクト」の中で生まれた言葉だ。

「多文化パワー」を生み出すのは、何もホワイトカラー層の外国人だけではない。３Ｋの現場や中小企業で働く労働者、主婦やパートを含めた人たちである。彼らはみな日本人にはない経験と文化を背景にもっている。そうした経験や能力を引き出すことができれば、日本にとって大きな財産になるはずだ。

つまり「多文化パワー」という考えは、日本にやって来る外国人は問題を抱え、支援が必要な存在であるという従来の認識を百八十度転換した発想である。そうではなく、彼らを日本人にない潜在能力を持った人たちであると考える。彼ら外国人を日本に問題を持ちこむ存在として見るのではなく、可能性を秘めた人材としてとらえるのだ。

「多文化パワー」の一例が、武蔵野市国際交流協会が行う外国人会員企画事業である。在住外国人からの「サポートされるだけではなく、得意分野を生かして何かの役に立ちたい」という声を受けて始まったこの事業では、書画や音楽、民族舞踊などといった分野で、市内に住む外国人が講師となり、市民向けの講座を開いている。

このような外国人の「日本社会とつながりたい、地域に貢献したい」という意欲を、地域が受け止め、活用することができれば、社会を活性化する起爆剤になり得るだろう。外国人の発想や行動は、日本人の常識を飛び越えたものがあるかもしれない。それを「日本には馴染まない」と頭ごなしに否定するのではなく、彼らの発想を上手に活かすことができれば、前述のように地域が活性化していくきっかけにもなる。

沈滞した社会、活力を失いかけている地域を再生するためには、外からの刺激が不可欠である。しかし、人口が減少する一方の日本では、従来の国際交流では不十分である。

本書で、本格的な外国人の受入れを検討しようと訴えているのもそのような認識のためであり、彼ら外国人の力を多文化パワーとして、最大限に発揮させるための社会的な仕組みを作るとともに、日本人が彼らとの接触で刺激を得る仕組みを作る必要がある。

日本に移り住んだ外国人が、日々の生活を送るのは地域社会である。地域社会が、増加する外国人をどのように受け止めるか。それこそ移民受入れを成功に導く扉であり、日本再生の活力が生まれる場所でもある。

次章では、移民受入れの現場となる地域社会の受入れ能力を、現状をふまえて、考察してみたい。

第七章　草の根の受入れ基盤

これまでの蓄積

外国人の受入れを日本人がためらう大きな理由に、日本の社会は単一民族的な社会であるため、外国人を受入れた経験が乏しく、そのための基盤がないという思い込みがある。ところが、そのような認識は実態とかけ離れている。

筆者自身、草の根の国際交流活動や国際協力活動に関わって三十年近くとなる。その経験から申し上げると、日本には外国人を受入れるための地域社会の基盤が、みなさまが思っている以上に整っている。残された問題は、それをどのように強化し、活性化させるかである。つまり、多くの日本人が「移民受入れ尚早論」に傾くのは、そうした状況についての理解に乏しいためである。

先述したように、全国でさまざまな国際交流や国際協力活動が展開されており、それに携わる市民、NPO、自治体の持つ経験は、他の国に決して劣るものではない。自治体の財政難によって、一部地域の国際交流活動に陰りが見え始めているものの、多文化共生の活動はますます広がりをみせ、専門化が進んでいる。こうした土台があることを十分に認識し、それを最大限に活用することができれば、外国人受入れについて過剰に恐れる心配もないはずだ。

草の根の国際交流の歴史は一九五〇年代にまで遡る。一九五五年に行われた姉妹都市提携を皮切りに、一九七〇年代までアメリカやヨーロッパとの姉妹都市締結が盛んに行われ、ホームステイをはじめとする草の根の国際交流が実施されてきた。

七〇年代後半になると、アジアとの交流が本格化し、韓国、中国、東南アジアとの姉妹都市が増加し、また日本に留学するアジア人学生も増えるようになった。一九八〇年代から九〇年代の前半は、自治体の国際交流の最盛期にあたり、毎週のように新しい姉妹都市締結が行われ、国際交流だけではなく、アジア地域を中心として、国際協力を行うNGOも全国的に広がり始めた。

一九九〇年代になると、地域社会に住む在住外国人の急増とともに、「多文化共生」を合言葉にして、外国人に対する日本語教育、医療、福祉など多様な事業が地域社会で展開されるようになった。その担い手は、ＮＰＯや自治体、国際交流協会などである。

現在、地域社会には草の根の国際交流活動を行うさまざまな団体がある。国際交流基金が二〇〇〇年に行った調査では、全国に国際交流団体は約八千あるとしている。姉妹都市交流に携わる団体、留学生を受入れる組織、ホームステイ実施団体、語学の勉強会からボランティア通訳に発展したグループ、また日中協会や日米協会など二国間の交流に携わる団体、外国人支援を行う団体、国際協力ＮＧＯなどさまざまである。

中でも、最も積極的に活動しているのは、日本在住の外国人のための生活支援や日本語学習の支援を行うグループである。

このような地域社会に根付く幅広い国際交流組織を活用することが、今後の外国人受入れの前提となる。さらにそれ以外の団体の協力が不可欠である。農協や漁協、商工会議所、青年商工会議所、婦人会、老人会、町内会など、地域を網の目のようにカバーする、これらの組織を無視することはできない。

本章では、これら外国人受入れの基盤を形成する組織が、これまでどのような活動を行ってきたのか、今後の課題は何かについて検討してみたい。

自治体の取り組み

日本の各自治体は、海外の都市と姉妹都市提携を結ぶことで、積極的に国際交流に携わってきた。日本の自治体は平成の大合併で数が減り、現在、千七百程度になったが、姉妹都市提携数は一六〇一件（二〇一一年五月三十一日現在）に及ぶ。

日本で初めて姉妹都市提携が行われたのは、一九五五年、長崎市と米国のセントポール市の間でのものである。その後、六十年近くを経て、全国に姉妹都市提携は広がっていった。

在日コリアンや中国人を別とすれば、外国人の定住者が地域社会に増え始めるのは一九八〇年代になってからである。それに対応して一部の自治体では、外国語による広報誌の発行や外国人相談窓口の設置などに乗り出した。一九九〇年代になると、外国人の定住が一般化し、彼らの抱える生活課題に対応する必要が生まれた。それは、医療や社会保障、教育、労働など横断的な分野であり、外国人ゆえのさまざまな課題や法的な制限を伴っていた。

一方、古くから在日コリアンの人たちが多く住む地域があった。そうした地域では、戦後から数十年にわたって、彼らの人権の保障や公的サービスの受給などをめぐって議論が繰り返され、その改善や啓発に取り組んできた。

日系ブラジル人が急増したのは一九九〇年代からである。それに対応するため、浜松市の呼びかけで、日系ブラジル人住民が集中する東海地域、北関東の十三都市が結集、共通の課題を話し合う「外国人集住都市会議」が、二〇〇一年に開催された。十三の都市の市長、町長が集まり、議論した結果「日本人住民と外国人住民が、互いの文化や価値観に対する理解と尊重を深めるなかで、健全な都市生活に欠かせない権利の尊重と義務の遂行を基本とした真の共生社会の形成」を目指す、「浜松宣言」を採択。外国人の教育、社会保障、外国人登録手続きに関する改革を政府に提言した。

その後、会議は、参加都市が二十八都市にまで増え、外国人の就労や教育についての議論を深めながら、引き続き政府への提言活動を行っている。

在住外国人への対応は、他の行政事務のようにマニュアルでは対応できない、多面的で難しい仕事である。仮に市長や知事といった自治体の首長が積極的な考えを持っていたとしても、行政の現場に反映されるかどうかは、担当する職員の資質によるところが大きい。幸い経験と専門性を持った自治体や国際交流協会の職員による全国的なネットワークが生まれ、新たな人材も徐々に養成されている。

多文化共生政策の限界

現在、日本に住む外国人に対して、「多文化共生事業」と呼ばれるさまざまな支援策が、自治体やＮＰＯによって行われている。しかしこの多文化共生政策には限界がある。地域に増加した外国人にさまざまな支援を行うことが、事業の中心的な内容であるが、外国人が増えることが「良いこと」であるという前提には立っていない。つまり、あくまで外国人が増えたことに対応するための事業であり、仮に外国人が地域社会からいなくなれば、多文化共生事業も必要ないということになる。

また現状では、現在の外国人受入れシステムの是非については踏み込んでいない。先述したような現行の外国人研修・技能実習制度などについて、そのシステムを根底から見直す必要があるのだが、移民受入れという前提に立っていない現状のままでは、抜本的な改革は望めない。

そこに踏み込まなければ、日本に受入れる外国人への対応は中途半端なままで留まってしまう。それに日本社会に根を張る覚悟を持つ外国人と、出稼ぎ気分の短期労働者では、日本に対する思いも対応も変わるはずだ。

外国人を受入れるのであれば、日本側も腹をくくる必要がある。その覚悟と明確なビジョンを構築し、実現のための仕組みを早急につくる必要がある。

国際交流協会

自治体の外郭団体として、「国際交流協会」と呼ばれる組織が全国に存在する。活動の内容は地域によって多少の違いはあるが、地域レベルでの国際交流の拠点という位置づけであることには違いがない。

同じ外国人への対応でも、自治体が静的存在であるとすれば、国際交流協会は動的存在である。自治体が法律に定められた活動（外国人登録や各種の手続き）を主としているのに対して、国際交流協会では、日本語教室の開催やカウンセリング事業、また日本人と外国人との交流のためのイベント、地域内の国際交流活動の紹介などを企画、実施している。

都道府県レベルの国際交流協会は、一九八〇年代までは「海外協会」という名称が使われていた。戦前までの海外協会の主な業務は、日本から南米への移民の斡旋を都道府県単位で行うことだった。戦後も政府は南米への移民を進めたが、それを各県では海外協会が担っていた。

しかし、一九七〇年代になると、日本から南米への移民は極端に減り、それに代わって姉妹都市交流や国際交流活動の支援へと協会の役割は変わり、それとともに国際交流協会へと名称変更された。

現在、外国人住民が増加した地域の国際交流協会は、外国人住民に対するさまざまな支援活動を担っている。近年、力を入れている事業に、外国人に対する防災活動がある。日本では地震や台風といった自然災害が多発するが、地震を経験したことのない外国人は、どのように対処してよいかわからない。

例えば、仙台国際交流協会では、東日本大震災以前から、災害時のための通訳ボランティアの育成を行っていた。地元のＦＭ放送局とタイアップし、留学生など地元に住む外国人が番組に登場し、外国人と日本人双方に対して防災意識を高める啓蒙に努めていた。

それら災害情報を提供する国際交流協会のホームページでは、日本語、英語だけではなく、中国語、ポルトガル語、タガログ語などが使用されているケースも増えている。新潟県中越地震で被災した長岡市の国際交流センターのサイトは、日本語と英語に加えて、洪水避難地図などでは中国語とポルトガル語版も提供されている。

現在、国際交流協会は、平成の大合併による自治体数そのものの削減と、自治体の財政難により転換期を迎えている。二〇〇一年には九百を超えていた国際交流協会だが、二〇〇五年には、五百を切るまで減ってしまっている。外国人の受入れを本格的に検討するべきなのに、その数が減っている現状について心配する声も挙がっている。

日本語ボランティア

地域で外国人と深くつながりを持つ人たちに、日本語ボランティアがいる。彼らは、日本語教室などで、ボランティアとして日本語を教えている人たちだ。専修学校や各種学校としての日本語学校以外にも、各自治体や国際交流協会、ＮＰＯなどが主催する日本語教室が増加している。

外国人の増加とともに日本語ボランティアの活動が徐々に増え、一九九〇年代になると全国的な日本語教室の展開がみられるようになった。東京都だけで百ヶ所近くで開催され、他県でも多いところで十数ヶ所の日本語教室が開催されている。

日本語ボランティアの中には、プロとしての日本語教師を目指す人もいる。日本語教師になるための国家試験制度はないが、日本国際教育支援協会が行う日本語教育能力検定試験に合格することが、プロへの第一歩だと考えられている。すでに二万人を超える合格者が全国に散らばっている。

日本語ボランティアの人々の活動や目的はさまざまだ。検定試験の合格を目指す人、試験に合格してもプロの道を選ばずボランティアをしている人、日本語教育の専門知識はないが、外国人との交流が楽しく活動している人など、それぞれである。

日本語ボランティアは女性が多い。しかも学生から中高年までと幅広い年齢層にわたっている。日本語教育能力検定試験の受験者を見ると、二〇一〇年度の受験者は五五八四人のうち、八割近くの四二七六名が女性である。職業別にみると、会社員が二十一％、主婦・主夫十五％、大学・短大生等十三％となっている。

日本語ボランティアは、日々地域社会で外国人と接している。日本語を教えるのがメインだが、親しくなり頼りにされれば、生活の相談にも乗ることになる。そうした経験を積む中で、単に日本語を教えるだけでは解決できない、外国人のさまざまな悩みや声を肌で受け止めるようにもなる。

地域によって、日本語ボランティアが接する外国人の属性は異なる。日本語学習の必要な外国籍の小中学生、国際結婚の配偶者、留学生、難民、中国からの帰国者、日系南米人、さらに不法滞在者も含まれる場合がある。自然と日本語ボランティアは、外国人の生の声を受け止め、地域社会の中で発信していく役割を担うようになっていく。

彼ら日本語ボランティアは、一様にその楽しさを口にする。外国人への日本語教授を通じて双方向の交流を行うことは、生きがいにもつながっているようだ。それは異文化との接触だけではなく、ボランティアとして外国人と接することで、彼らの成長や困難を助ける力になることを実感できるためだという。

日本語学校で雇用された彼ら日本語教師の待遇はさほど恵まれたものではない。非正規雇用の割合も多い。しかし、日本語教育能力検定試験の受験者は、ここ数年増加傾向にある。

ＮＰＯの活動

日本に住む外国人に関わるＮＰＯはその数を増している。ＮＰＯのスタッフは、現場で活動をしながら、ハードルの高いテーマにチャレンジし、小さな成功を積み重ねることで、それぞれの組織に力をつけ、地域社会の中での支援者を増やしている。

ここでは二つのＮＰＯの活動を紹介したい。

【大泉国際教育技術普及センター】

群馬県の大泉町は、ブラジル人の多い町として全国に知られ、総人口四万人余りのうち、約十一％を日系ブラジル人が占めている。日系ブラジル人が大泉町に多く生活するようになったのは、一九八〇年代後半からで、当時、町の製造業は深刻な労働力不足に陥っていた。

一九九〇年の入管法の改正に伴い、日系三世の来日が容易になると、町をあげて日系ブラジル人の招聘に乗り出し、日本語教室の設置やポルトガル語に対応できる職員の配置、ポルトガル語広報誌の発行など、受入れ態勢を整えた。

二〇〇一年には、日系ブラジル人の子どもたちの学習支援を目指して、民間組織、大泉国際教育技術普及センターが設立された。これはブラジルに長年滞在し、地元警察で十年にわたって、ポルトガル語の通訳を担ってきた高野祥子さんらが立ち上げたものだ。

同センターでは、日系ブラジル人が、地域社会に根を下ろし、社会に貢献できる人材となることを目指している。センター主導で、二〇〇二年からは「ブラジル青少年フェスティバル」が開始されている。このフェスティバルは、ブラジル人青少年の健康的な姿を地域社会に見せる場であるとともに、彼らの健全育成に貢献している。

この「日系ブラジル人の町」大泉町を突然襲ったのが、二〇〇八年秋に起きた世界的な金融危機である。日系ブラジル人のほとんどが派遣社員で、自動車関連の工場に勤める彼らの多くは、短期間のうちに職を失った。家族とともに地域に定着し始めた彼らにとって、日本に留まるか、あるいはブラジルに帰国するかは極めて重い選択だった。ようやく子どもたちも日本での生活に馴れ、暮らしが安定し始めていた。ブラジルに帰っても職がある保証はない。引っ越すにしても、多大の費用がかかる。

今もなお続く経済不況が、大泉町の日系ブラジル人を苦しめ続けている。二〇〇八年末には五一四〇人を数えたブラジル人が、二〇一〇年六月末には四五七八人となり、一割ほどの人口が流出した。

暗いニュースが続くなか、大泉国際教育技術普及センターは、生活困窮から不就学という苦しい事態に陥っているブラジル人の子どもたちを救おうと、「ギネスに挑戦！ＮＥＳＰＯフットサルマラソン大会」を企画した。

二〇〇九年九月に行われたこのイベントは、日系ブラジル人自身による支援活動として大きく報道された。元プロサッカー選手でブラジルから日本に帰化したラモス瑠偉選手らも駆けつけ、日系ブラジル人を勇気づける大きなイベントとなった。これまでの成果を認められ、大泉国際教育技術普及センターは、二〇〇九年、国際交流基金から「地球市民賞」を受賞した。

【ならNPOプラザ】

仲川順子さんは奈良を基盤として、地道な国際交流活動を続けている。彼女は外資系企業や国際交流協会での経験をもとに、奈良に住む外国人の支援をする外国人のための日本語教室を一九九〇年に立ち上げた。また国際交流活動をより市民に開かれた活動にするため、「ならNPOプラザ」を開設した。

仲川さんは日本語教室の活動を通して、生徒である彼ら外国人から、日本社会の暗部を見せ付けられるような、にわかには信じられない訴えを受けてきたという。

学習支援をしている中国人の男の子（小学四年生）は、「お父さんが工場で蹴られたり、突き飛ばされたりしている」という悩みを訴えてきた。中国語がわかるスタッフが、詳しく事情を聞くと、ほぼ毎日のように同僚からいじめを受けているらしい。

ある保育園の先生から、「途中入園してきたフィリピン人の子どもに向かって『ビンボー』『きたない』などの発言をする幼児が何人かいる。どのように説明をしたらいいのか」という問い合わせがあった。彼女は、先生たちに研修会を開いてもらい、地域社会で進む国際化の現状や、幼児向けプログラムの必要性について話し合ってもらった。そして友人のフィリピン人と一緒にその保育園に出向き、「新しいお友だちの国、フィリピンのことを知ろう」という遊びを中心としたプログラムを作った。

ならＮＰＯプラザでは、早い段階から異文化の理解を深め、偏見を持たない子どもを育てることが重要と、学校などに出向き出前授業を行っている。

しかし想像した以上に学校の敷居は高く、国際理解プログラムを教室で行えるようになるまで、数年を要した。今では、外国人児童の編入学が増えたことによって、積極的に取り入れる学校が増えているという。またＰＴＡや地域の集まりでも、講演やワークショップの依頼が増えており、地域の中で国際理解の必要性が浸透しつつあるのを実感しているという。

地域社会から始める

以上見てきたように、日本の地域社会では外国人の増加に対して、自治体や国際交流協会、日本語ボランティア、ＮＰＯなどを中心にさまざまな対応が行われている。

これらの団体や個人は、数十年にわたる経験を持つものも多く、日本に来る外国人がどのような問題に直面するか、それをどのように解決すべきかについての道筋を理解している。

ただそれでも、組織化が進み、スタッフを雇用できるまでになったＮＰＯはまだ一握りである。多くは資金難で、ボランティア主体の活動を続けている。

財政力は弱いものの、これらＮＰＯは行政にはできない先進的な事業やきめの細かな対応を行うなど、きわめて優れた活動をしている例が多い。海外のＮＰＯのリーダーが日本に来て驚くのは、日本のＮＰＯを取り巻く状況の厳しさと、それにもかかわらず働く人々の意識の高さと行動力である。

一方、自治体や国際交流協会は、年度予算にもとづいて事業が行われ、一定の人材が確保されるものの、昨今の財政難で厳しい状況を迎えている。

在住外国人増加率の地域差が大きいこともあり、在住外国人に対する対応は自治体によって異なっている。外国人集住都市会議に参加する都市のように、外国人住民について強い問題意識を持って取り組もうとしている地域もあれば、外国人人口が一％以下の地域では、ほとんど目立った活動もないというケースも多い。

今後、大規模な移民受入れが実施されるとすれば、こうした団体の活動を一層強化することが必要になる。さらに、一般の地域住民に対して、ボランティアの機会の提供などといったコーディネーション機能が求められる。その際に重要なことは、地域で最も能力の高い組織に資源を投入し、そこがコーディネーション役を果たすことである。

力のあるＮＰＯが存在する地域では、ＮＰＯを中心とした受入れのための組織作りを行うべきである。市民を巻き込む力を持つＮＰＯが、その中心的な役割を担えば、移民受入れは外国人の能力の発揮だけではなく、日本社会の潜在力をも掘り起こす、願ってもない機会となる。移民の受入れは、日本の市民の力なくして行うことは決してできない。移民受入れは、市民の力が試されると同時に、市民の力そのものを開花させる最大のチャンスなのである。

第八章　それでも日本に移民は必要である

無関心の壁

前章で、日本の地域社会にはすでに移民を受入れる基盤がある程度存在していることを示した。しかし今後日本が「開国」に踏み切り、相当数の外国人を受入れるとなると、現状のままでは対応できない。そのためには、日本の社会のあり方、人々の考え方や行動を変えていかなければならない。

来日する外国人が日本語を学習し、日本の生活や文化を学ばなければいけないのと同様に、日本人自身にも意識改革が求められる。

一個人として何ができるのか、何をなすべきかを考えてみたい。

その第一歩はすでに日本に滞在している外国人について知ることだろう。家の近所や通勤ルートで見掛ける外国人が、世界のどこからやって来て、どのような仕事に就き、どのような生活をしているか、そうしたことについて思いを馳せたことがあるだろうか。また、自分の住む地域に、どれだけの外国人がいるのか理解しているだろうか。

日本全体で現在二百万人を超える外国人が住んでいるが、彼らはすでに日本社会の一部を担い、彼らなしではわれわれの暮らしに大きな支障をきたすだけの存在になっている。

彼ら外国人の職場として、例えば食品加工場やクリーニング工場がある。お昼にコンビニで買う弁当や、サンドイッチを作っているのが外国人であり、あるいは今朝、袖を通したワイシャツのクリーニングをしてくれたのが外国人であっても不思議はない。しかしそのような現実を、ほとんどの日本人は知らない、あるいは見ようとしない。

彼らがいなければ、弁当代やクリーニング代を今のような廉価に維持するのは無理だろう。「彼らが日本人の職を奪っている」と無責任に言う人もいるが、彼らのように、根気がいる仕事を休まず続け、低賃金で働く日本人を見つけるのは難しいだろう。

すでに外国人の存在を前提として、日本社会の歯車が回っていることを、われわれ日本人は忘れてはならない。ましてやこれから予想される人口減少社会では、ますます彼らに頼らざるを得ない。もし、一切頼らないとすれば、社会の末端があちこちで麻痺し、人々の暮らしを直撃することを覚悟しなければならない。

そのように理路整然と言葉でいくら説明しても、まだまだ日本には外国人受入れに抵抗を示す、排外主義という大きな壁がある。いや「主義」というのも大げさで、単なる「無関心」なのかもしれない。「関心を持て」と言うことは難しいかもしれないが、すでに日本は在住外国人の力を借りて成立していると認識することは難しいことではないはずだ。その「認識」が「関心」へとつながり、例えば、近所で見かける彼ら外国人に何かの機会にあいさつしたり、声を掛けたりすることもあるだろう。

そうした小さなコミュニケーションの輪を広げることが、外国人を受入れる上で、もっとも重要なことである。それがなければ、外国人と同じ地域に住みながら、先入観や偏見で彼らをとらえてしまいかねない。

地元との付き合いのないまま、外国人だけの閉鎖的なコミュニティが地域に構築される状況を「平行社会」と呼ぶことは第三章で述べた。欧州では平行社会が、大きな社会問題として捉えられているが、これは外国人だけのせいではない。

受入れる側が彼らに関心を持ち、コミュニケートする意図を持たなければ、外国人も自分たちは地域に受入れられていないと感じ、自分たちだけの殻にこもってしまう。それを避けるためには、当たり前のことだが、関心を持ち、小さなコミュニケーションを始めることが重要なステップなのである。

地域での実践活動

群馬県伊勢崎市で実施されたアンケートでは、「日本人と付き合いがない」と回答した外国人のうち、「ぜひ（日本人の）友人をつくりたい」五十・六％、「機会があれば（日本人と）交流したい」四十六・九％と、あわせて九十八％近くの人たちが、日本人と仲よくなりたいと望んでいる。

日本語に不慣れな外国人も多いことを考えると、あいさつや話の糸口は、日本人が先に行うべきだろう。さらに関心のある方には、地元のＮＰＯや国際交流協会などが行う国際交流イベントに参加してみることも勧めたい。多くの自治体で、地域住民が異質な文化に触れ、楽しみながら異文化を理解することを目的に、さまざまな工夫を凝らしたイベントが開催されている。

そうしたイベントでは、３Ｆと呼ばれる「ＦＯＯＤ（食べ物）」「ＦＡＳＨＩＯＮ（ファッション）」「ＦＥＳＴＩＶＡＬ（お祭り）」が活用され、地域に住む外国人の文化紹介が行われる。民族衣装を身にまとっての踊りや音楽、エスニック料理が提供されるなど、さまざまな国の文化に近所で触れることのできる機会である。

東京都豊島区や神奈川県大和市など、外国人が多い地域で行われた住民の意識調査で、外国人との交流について尋ねたデータがある。その結果、「外国人と交流あり」が、九・六%、「接点あり（あいさつ程度）」が十九%と低い数字に留まっている。

興味深いのは、「交流あり」と答えた人と、「なし」と答えた人では、外国人に対する考え方が明確に異なっていることだ。

「交流あり」と答えた人は、「日本人がやりたがらない労働でもいとわずによく働いている」「地域の産業を支える重要な労働力となっている」「地域の商業にとって重要なお客になっている」「地域に新たな文化をもたらしている」「一生懸命日本語を覚えようとしている」「家族や仲間と過ごす時間を大切にしている」など全ての項目で、「交流なし」と答えた人より、肯定的に外国人を評価している。

同様に「日本に外国人が増えること」「近所に外国人が増えること」「職場に外国人が増えること」「幼稚園や学校に外国人の子どもが増えること」「家族や親族が外国人と結婚すること」についても、「交流あり」の回答者はより肯定的にとらえている。

国際交流として昔から行われている活動に「ホームステイ」がある。来日した外国人を自宅に泊め、我が家を舞台に外国人と交流をする活動である。今、このホームステイに、高齢者の関心が集まっているという。歳を重ね気軽に海外旅行に行けなくなった代わりに、自宅に外国人を招き、そのことで異文化体験ができるからだ。

日本に住む外国人に対してホームステイを行うことはないが、地元の大学に通う留学生に対して、「里親」のような役割を果たすこともある。留学生を自宅に招き、夕食を一緒にしたり、小旅行に一緒にでかけたりという活動を斡旋する国際交流団体もある。また、彼らの文化を知るために、日本人の生徒を対象として、地元の外国人の家庭を訪問し、文化や料理について話を聞くという活動も行われている。

富山県射水《いみず》市では、外国人の子どものケアを行う「多文化こどもサポートセンター」を設置している。ボランティア講座に関心を持つ大勢の人たちが、市内外から参加している。自治体やＮＰＯなどによって、このような機会さえ与えられれば、外国人との交流や支援活動に参加したいと考える日本人も少なくない。そうした潜在的な協力者を、自治体やＮＰＯが掘り起こす必要がある。

学生の間でも在住外国人に対する関心は高まっているが、それを大学が積極的に後押しする事例も増えている。日系ブラジル人の多い群馬大学では、「多文化共生社会の構築に貢献する人材の育成」事業を実施していた。この事業は学生たちの自主的な地域貢献活動として行われたもので、さまざまな学生チームが活動していた。

そのうちのひとつである、チーム「道徳《みちのり》」は、日本人の子どもたちが、授業中に異文化を疑似体験し、外国人と日本人双方の立場に立って物事を考えられるような教材づくりを行う。またチーム「エンフェルマリア（ポルトガル語で保健室）」は、保健室のない外国人学校に対して、健康診断、啓蒙活動などを行った。

自治体やNPOのみならず、民間企業にもできることがあるだろう。業種にもよるが、自社でどれだけの外国人が働いているか、多くの外国人が自社の製品づくりに携わっていることなどをもっと積極的にPRすべきだろう。それは、地元の産業が外国人の力を借りて操業していること、彼らの力なくしては成り立たないという現実を、住民が知ることができるという意味でも重要である。また働く外国人にとっても、自分たちが認められていることを自覚する機会となり、企業に対する愛着心も増すだろう。

外国人受入れ成功の条件

外国人を本格的に受入れるには、以上見てきたような日本国内の態勢を整えることが必要であるが、来日する外国人と受入れる地域社会にも一定の条件が必要となる。それは以下のようなものである。

（一）定住を前提に日本語を学ぶ意欲のある外国人を受入れること

（二）成人には日本語教育、子どもには学校教育を徹底すること

（三）借金を背負った移民を受入れないこと

（四）地域社会が受け皿となる覚悟と意欲を持つこと

それぞれについて見ていこう。

（一）定住を前提に日本語を学ぶ意欲のある外国人を受入れること

日本で生活していくにあたって、日本語の習得は欠かせない。日本語を学ぶ意欲のない移民は社会から落ちこぼれていくか、日本人と隔離した移民だけの「平行社会」を作ってしまう。自分たちの出身国の文化や言語を大切に思うことは重要だが、日本の言語や文化について学ぶ意欲を持つ人たちを受入れることが条件となる。また、子どもの教育に熱心な人たちを受入れるべきである。それが家族全員が日本で成功する秘訣であり、日本にとっても彼らの貢献を引き出す大きな要素である。

（二）成人には日本語教育、子どもには学校教育を徹底すること

日本語を学ぶ意欲があっても、それを学ぶ機会が提供されなければ意味がない。移民の出身地の多くはアジアになることが想定されるが、世界でもユニークな言語体系を持つ日本語を学ぶのは難しい。段階的な日本語学習のカリキュラムに沿って、なるべく早く上達できるシステムを作るべきである。幸い、すでに外国人向けの日本語の教材や教授方法はほぼ確立されている。

子どもたちには、日本語の習得とともに、学校教育が必要である。小学校の低学年レベルであれば、短期間で追いつくこともできるかもしれないが、それ以上になると、かなりの時間を要する。いずれにせよ、移民向けのカリキュラムと日本語習得を保証するサポート・システムの確立が急がれる。

移民の子どもたちが年齢相応の学校の授業についていけない場合、無理に進級させるのではなく、小学校でも落第させ、その学年にふさわしい学力レベルをつけさせること

が重要である。これは実際に日系ブラジル人から出されている要望の一つである。全く授業についていけない外国人の子どもが、自動的に卒業させられてしまうケースも多い。そのまま社会に放り出されて大変な思いをするのは子どもたちである。

(三) 借金を背負った移民を受入れないこと

日本に働きに来ている人々の中には、母国の斡旋業者に渡航費用などを支払うため、莫大な借金を背負っている者もいる。その場合、借金を返済することが最大の目的となってしまい、日本語の勉強どころではないだろう。お金を稼ぐため、休日なしで働くなど無理な労働を重ねる結果となる。また移民を巡る利権発生の危惧もある。受入れ移民の選択の透明性を高めることが重要である。

(四) 地域社会が受け皿となる覚悟と意欲を持つこと

移民受入れについては、国レベルの判断が問われてくるが、実際に受入れが始まったときに、彼らと直接に向き合うのは地域社会である。地域社会が彼らを温かな気持ちで迎え、寛容さを発揮しなければ、いくら制度ができていても良好な関係は築けない。逆に制度に多少の不備があったとしても、地域社会が覚悟をもって迎え入れれば、悪い結果にはつながらないはずだ。また、外国人受入れが、国際交流の成功事例のように、失われつつある地域の絆を再生することにもつながるだろう。

とにかく移民受入れで重要なことは、「貧困のサイクル」を作らないことだ。移民一世は、日本語習得や職場環境に慣れるのが精一杯で、経済的に成功できるかどうかはなかなか難しいかもしれない。しかし、その子ども、孫たちまで貧困が連鎖することは避けなければいけない。

移民の子どもたちが日本人と同レベルの進学率を達成できるか、成人してどの程度の所得水準になるのかが、移民政策の成否をはかるメルクマールとなる。

最後の指摘として、移民受入れの議論を政治的に利用しないことを挙げておきたい。メディアによっては極端なケースをことさらに取り上げるなど、いたずらに移民に対する不安感やナショナリズムを煽るかもしれない。またそうした事例を都合良く利用する政治家も現れるだろう。

正直に申し上げると、移民受入れに際しての具体的な課題そのものより、日本国内で正当な議論が行われるかどうかのほうがよほど心配だ。扇動的かつ排他的な勢力に翻弄されてはならない。

国の将来を左右する課題であるということをまずは認識し、党利党略を超えた議論をしなければいけない。日本再生のために残された時間は、長くない。

聖徳太子の知恵

日本は古くから単一の民族・国家であり、それゆえに世界に類のない平和国家が生まれたという説がある。この説に真っ向から反対するのは、哲学者の梅原猛氏である。梅原氏は著作『聖徳太子』（全四巻、小学館）で、聖徳太子が生きた六世紀から七世紀にかけての、日本とアジアの状況を極めて詳しく分析している。梅原氏は第二巻で、日本という国の成り立ちについて、以下のような見解を述べている。

「日本国家は、おそらく朝鮮半島からやってきた水稲農業と金属器をもった民族が、狩猟生活を営む原住民を征服してつくった国家にちがいない。そしてその征服の当時、多くの闘いがあり、非道、残虐なことがあったと思われる。何世紀かの間、絶え間ない争乱がつづいたのであろう。おそらく和の道徳は、こういう何世紀かの間はげしい争いのなかでつくられたにちがいない。そして征服者と被征服者に妥協がうまれたのであろう」

梅原氏は、その妥協を促したのが「和」の精神であると指摘する。そして聖徳太子にその精神が受け継がれているという。太子は冠位十二階を儒教的道徳に則って定めたが、十七条憲法ではそこから離れて、仏教的な徳である「和」が据えられた。その理由は、当時の政治状況に起因すると指摘している。

太子が活躍した時代は、中国、朝鮮半島を経てやって来た仏教を受入れるかどうか、厳しい対立が起きていた。しかし推進派の蘇我馬子と厩戸皇子《うまやどのおうじ》（後の聖徳太子）によって、反対派の物部守屋《もののべのもりや》は滅ぼされる。太子が摂政になる六年前の出来事である。摂政となった聖徳太子は仏教を推進し、布教に努める。遣隋使を派遣するなど積極外交を行い、国を開いた。仏教をはじめとした大陸の新しい文化を受入れ、現在に至る日本文化の基盤を築いた。

聖徳太子が定めた十七条憲法の第一条には、「一に曰く、和をもって貴しとし、さからうことなきを宗《むね》とせよ。人みな党《たむら》あり。また達《さと》れる者少なし」とある。梅原氏は「人みな党《たむら》あり」の〝党〟とは〝集団〟のことであり、氏族集団を指すと考える。人は蘇我氏や物部氏のように党を作り対立する。しかし、そうした対立を乗り越える知恵として、太子は「和」を説いているという。

つまり、太子が十七条憲法の最初で触れた「和」とは、彼自身が経験した激しい闘いの末に辿り着いた境地なのだろう。異文化の受入れをめぐって行われた対立を戒め、平和と安定を築くための知恵の結晶が、この十七条憲法なのである。「和をもって貴しとし」という言葉には、国を二分した開国派と反対派の対立という、苦い経験から生まれた知恵が息づいている。

歴史をひも解けば、異文化を受入れるかどうかをめぐって、日本国内で深刻な対立が繰り返され、歴史を動かす動力となってきたことがわかる。同時に、その対立を乗り越えて、国外から知識と文化を導入することで進歩してきた。

はたして、二十一世紀に生きるわれわれは、日本の命運を左右しかねない人口減少の時代を乗り越えることができるだろうか。

今日の日本の繁栄は、海外との交流や異文化の輸入なしでは、ありえなかった。その受入れをめぐっては、先人たちの葛藤の歴史があったことは忘れてはならない。

時代の転換期を迎えた今、われわれ日本人は先人の経験と叡智を学ぶことができるだろうか。無為な対立をことさら煽ることなく、二十一世紀にふさわしい新たな道を踏み出す決意をしなければならない。

おわりに

日本で耳にする移民についてのニュースは、ネガティブなものがほとんどだ。二〇一一年七月には、ノルウェーで移民受入れ反対を叫ぶ極右の青年が銃乱射事件を起こした。二〇一〇年末に起きた、チュニジアに端を発する「ジャスミン革命」によって、アラブ諸国の社会不安が高まり、難民が大挙して欧州に押しかけ緊張が走った。

こうした報道に触れた日本人の多くが「日本の人口減少は深刻だが、移民の受入れは得策ではない」と感じるのもやむを得ない。とりわけ東日本大震災が起こった二〇一一年、日本はありとあらゆる難題に直面している。この上、移民の受入れなど考える余裕はないという気持ちになっても不思議ではない。

しかし、日本が震災で打ちひしがれていたとき、われわれを励ましてくれたのは、海外からの数えきれない援助であったことを思い出して欲しい。今、日本を世界に開き、世界の人々の力を借りて日本を再生することは荒唐無稽なことだろうか。

国際交流に長年携わってきた筆者が、本書で提案しているのは、単なる数合わせのための移民受入れではない。外国人のもたらす「異文化」を日本のパワーとして取り込み、それをもって再生を図るというものだ。

日本の草の根には国際交流の長い歴史があり、多くの外国人を受入れ、地域の活力に変えてきた経験、人材がいるということに、多くの日本人が気づいていない。子どもたちに海外の人々と交流する機会を与え、異文化と多様性を理解する心を養ってほしいと考える主婦。厳しい生活を強いられる在日外国人の生活改善に一生懸命に取り組んでいる若者。東日本大震災で窮地に陥った外国人に対して支援を行う人たちもいる。こうした人の多くはボランティアであり、自らの意志で地道な活動を続けている。

日本には国籍を問わず弱者を励まし、他人のために尽くそうという若者、高齢者、女性らが草の根に大勢いるのである。長年、国際交流に携わり彼らとの付き合いを通じて、日本人の持つ心の豊かさ、包容力を実感し、ますます日本の底力を信じるようになった。

そうした日本人を誇りに思うとともに、彼らがいる限り、日本でも移民の受入れは決して不可能ではない、いや他国以上に外国人の潜在力を引き出すことに成功するに違いないと強く信じるようになった。

本書の構想は、二〇〇七年に『「多文化パワー」社会』を上梓した後に始まった。そのころから、専門家の間では移民受入れの必要性についての議論は深まり始めていた。二〇〇八年には移民政策学会が創設され、日本の移民政策に関する討議が始まっていたが、議論は学者をはじめとした関係者の間にとどまり、社会にはなかなか広がらない。むしろ、不況で移民の議論をタブー視する雰囲気が強まっているかのようだった。

そうこうしているうちに海外の専門家からは、「日本は手遅れになる」という話をしばしば耳にするようになった。「移民受入れの議論を、一日も早く市民の間に広げる必要がある」との思いで、国士舘大学の鈴木江理子准教授らから適宜、助言を得ながら本書の執筆を進めた。

しかし、広く読者の目に触れないことには意味がない。そこで国際交流基金の小川忠氏に相談し、新潮社の編集者である金寿煥氏を紹介していただいた。小川氏からは積極的な励まし、そして金氏からはプロの編集者として誠に適切なアドバイスをいただいた。

本書はあくまで筆者個人の見解である。本書が移民受入れ議論の出発点になることを期待して、出版を助けていただいた方々に心より感謝を申し上げたい。

毛受敏浩　1954(昭和29)年生まれ。
日本国際交流センター勤務。地域
ネットワーク主幹。慶応大卒。兵
庫県庁に勤務後、1988年より現職。
草の根の国際交流などに携わる。

Ⓢ新潮新書
435

人口激減《じんこうげきげん》
移民《いみん》は日本《にほん》に必要《ひつよう》である

著者　毛受敏浩《めんじゅとしひろ》

2011年9月20日　発行

発行者　佐藤隆信
発行所　株式会社新潮社
〒162-8711　東京都新宿区矢来町71番地
編集部(03)3266-5430　読者係(03)3266-5111
http://www.shinchosha.co.jp

印刷所　二光印刷株式会社
製本所　憲専堂製本株式会社

ISBN978-4-10-610435-0 C0231